EDUARD NEUENSCHWANDER

ARCHITEKTUR ALS UMWELT
IN SICHT UND HALTUNG DER KLASSISCHEN MODERNE EIN GEWANDELTES NATURVERSTÄNDNIS

gta VERLAG

ARCHITEKTUR ALS UMWELT

Architektur als eine Gestaltungsform der Kunst hat zwei Gesichter: Zum einen ist es der Effekt der Wahrnehmung und der Nutzung und zum anderen ist es die kritische Würdigung, wechselnd nach dem Standpunkt der Generationen.

Die klassische Moderne ist geschichtlich eine neue Epoche, gewachsen aus der Kulturgeschichte des 19. Jahrhunderts mit Wurzeln bis in die Vorzeit. Sie ist kein Stil, sondern eine neue Sicht und Haltung, mit zahllosen Facetten und in steter Entwicklung.

Die vorliegende Arbeit benennt ein schweizerisches persönliches Werk und illustriert eine Form der Innovationen, welche als System ins Bewusstsein gebracht werden soll. Es genügt nicht, nur schöne und gefällige Bilder von Architektur zu publizieren, sondern die grundsätzlichen Werte und deren Typologie sind zu beschreiben.

Für unsere Zeit neu ist die Ganzheit der Auffassung und Identität von Innenraum der Architektur und Aussenraum der Umgebung. Sie basiert auf einem gewandelten Naturverständnis. Die Umwelt besteht aus der leblosen Materie, Gegenstand der Chemie und Physik, und der belebten Natur als Komplexität der individuellen Lebensprozesse von Stoffwechsel, Wachstum, Vermehrung, der Sinne, der Steuerung und dem Geistigen im gesellschaftlichen Verband. Alles ist Natur, selbst das Menschenwerk ist das Produkt menschlicher Bedürfnisse. Diese Ganzheit als Lebensraum ist Biotop, Ort mit dem darin befindlichen Leben.

VOGELNESTER, TERMITENBAUTEN, KORALLENRIFFE SIND EINE EINHEIT DES OEKOSYSTEMS WIE DER BAUERNHOF UND DIE GROSSTADT MIT SEINEN MENSCHLICHEN ERBAUERN UND BEWOHNERN.

Eine solche Betrachtung wird zur Einstellung in der beruflichen Arbeit und soll als eine der möglichen Formen der klassischen Moderne konkret und beispielhaft dargestellt werden.

Nun einige persönliche Daten.

Die Wurzeln liegen in der Kindheit einer ganz ungewöhnlichen Naturbeziehung. Schon im Primarschulalter erfüllte mich das Interesse an der einheimischen Tierwelt der Kleinsäuger, Lurche, an verletzten Vögeln und vor allem entomologisch am Tag- und Nachtfalter. Die Zucht von Tieren setzt scharfes Beobachten voraus und es ist für mich heute fast unerklärlich, wie ich mit dem Terrarienhandbuch in der Hand für die Eidechsen und Feuersalamander keine künstlich angelegte Landschaft mit Sand und Korkstücken, sondern kleine natürliche Biotope wie in der Natur schuf.

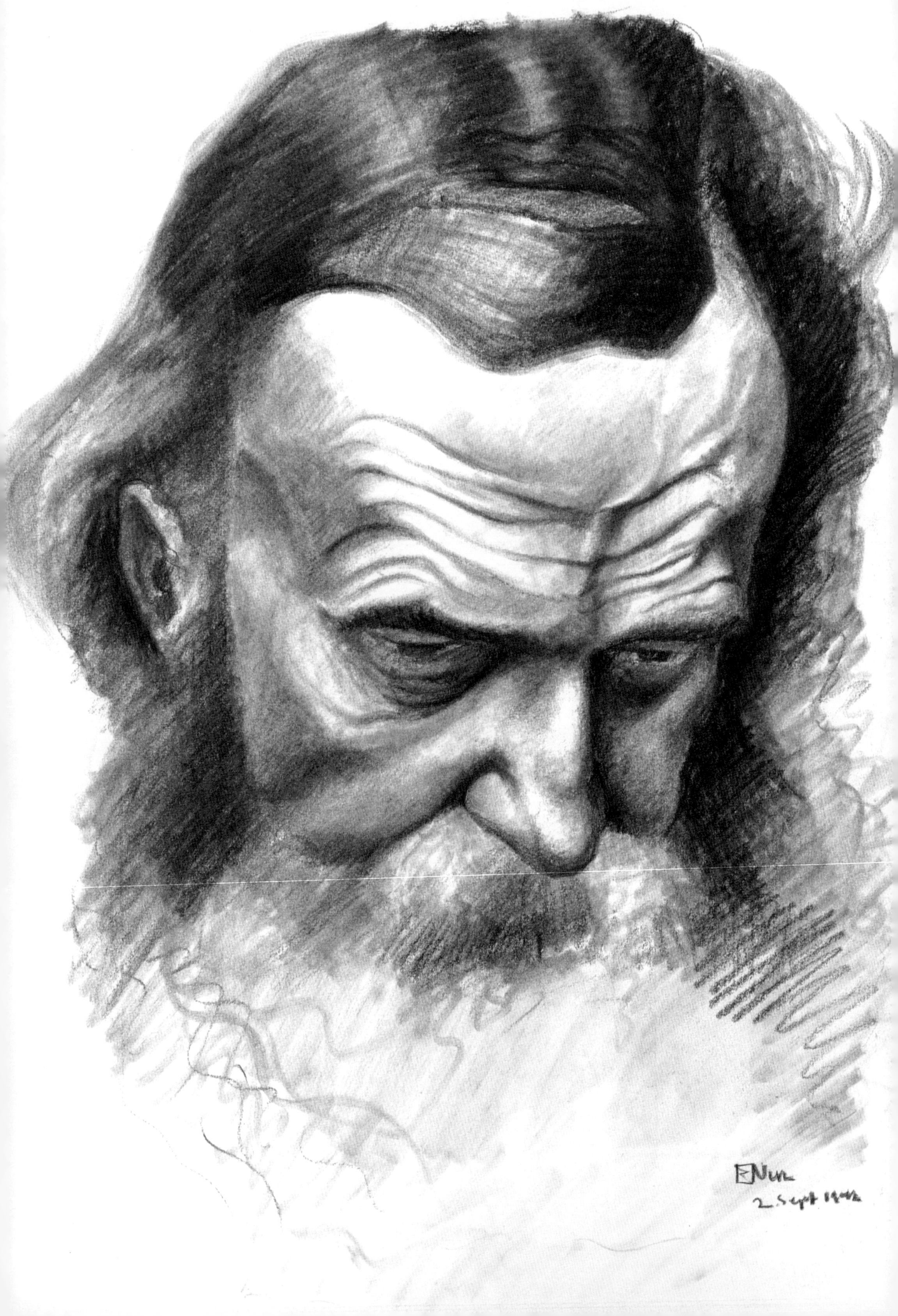

Im Blut lag mir die zeichnerische Begabung. Reiner Zufall war es, dass ich der wissenschaftlichen Zeichnerin Pia Meinherz begegnet bin und die Naturstudie einer Blütenpflanze entdeckte. Spontan zeichnete ich als 13-jähriger meine erste Orchidee.

Mit der intensiven systematischen Zucht von Spinnen und Schwärmern drängte es mich, eine Monographie über Sphingiden in allen Entwicklungsstadien zu schaffen. Ein Höhepunkt in meinem Leben war der Augenblick, als mir die getreue Abbildung eines Windenschwärmers Stück für Stück unter der Hand entstand. Diese kindlich prägende Erfahrung der Ökologie aller Lebewesen von Tieren und Pflanzen ist die Basis meines späteren Naturbewusstseins.

In der Mittelschule liegt als die zweite Quelle mein archäologisches Interesse. Auf dem Lindenhof in Zürich, ehemalige Pfalz, fanden beschränkte Grabungen in einem mittelalterlichen Gräberfeld statt. In dieser Zeit besuchten wir mit unserem Geschichtslehrer die ehemalige Anlage des Barfüsserklosters an der Brungasse mit einer Wohnung mit noch offener Feuerstelle in der Hausmitte.

Das dritte Element meiner Formation waren die Jahre 1949 bis 1952 bei Alvar Aalto in Helsinki. Es war die härteste Reparationszeit Finnlands und all seiner Bewohner. Es war aber auch Aufbau und für Alvar nach dem Tode Ainos ein Neubeginn und Aufbruch. Der menschliche so ursprüngliche Charakter der Finnen, insbesondere Altos, und der Geist im Büro, die Weite der Landschaft und die ursprüngliche Beziehung zum Boden und zur Natur, der Respekt vor der Umwelt des finnischen Nationalepos «Kalevala» waren mir tiefe Steigerung der eigenen Natur.

Zurück in der Schweiz 1952, 1953 abenteuerliche Eröffnung meines Büro — es war ein Glücksfall nicht nur in der persönlichen Geschichte. Die Gesellschaft war noch geordnet und stabil und für uns Junge — mit einer einmaligen Bildung und persönlichem Bezug zu den Pionieren der klassischen Moderne über Carola und Sigfried Giedion zu Le Corbusier und Alvar Aalto, zu Künstlern wie Constantin Brancusi, Alberto Giacometti und Hans Arp — eine einmalige Konstellation.

Nun waren wir am Zuge, die Welt zu verbessern. Die Visionen bestanden: Beispiel der Raumplanung von Delhi bis Brasilia, die Unité d' Habitation in Marseille, Ronchamp, das Waterfall House Frank Lloyd Wrights, die Werke Aaltos und Ludwig Mies van der Rohes waren unsere Schule.

Uns erfüllte nicht Sensationslust wie in der heutigen Architekturszene, sondern unbändiger Wille, diese kulturelle Schule der Moderne selber umzusetzen. Die offizielle Stadtplanung, der allgemeine Geist in der Architektur und vor allem in der Kunst waren damals in unseren Augen reaktionär und gaben unserem Bestreben Widerstand, doch damit gleichzeitig Impulse.

In dieser geistigen Arbeitswelt und Aufbruchstimmung setzt meine eigene Arbeit 1953 an. Nach 60 Jahren darf ich auf eigene Neuerungen zurückblicken, welche ich im methodologischen Sinne über der persönlichen formalen Handschrift als Innovation und als gültige Schule im Verhältnis von Architektur zur Umwelt erkenne und die bei weitem noch nicht Allgemeingut ist.

Es ist kaum nachvollziehbar, welche schöpferischen unbewussten Prozesse sich in einem jungen Menschen abwickeln, der nach einer breiten humanistischen Bildung im abschliessenden Studium an der Quelle der klassischen Moderne im Hause Carola und Sigfried Giedions den Grossen der damaligen Zeit persönlich begegnete und der schliesslich sich am Zeichentisch mit dem grossen Meister in Munkkiniemi gestaltend identifizierte. Das Zeichnen war meine Natur, und kaum zurückgekehrt bestand der Drang zu abstrakter Formgebung. Es war weder intellektueller Zwang noch gequälte Suche, sondern Lust am Zeichnen, ein Drang zu spontaner Formgebung. Die Unvoreingenommenheit dazu liess eine persönliche Handschrift entstehen — im Geiste der klassischen Moderne und nicht als Abwandlung von formalen Stilelementen des einen oder anderen Meisters. Dies war eine Gnade der Natur.

Es ist tragisch zu sehen, wie der Verlust sinnlicher Erfahrung des Zeichenstifts auf dem Papier, der Widerstand des Graphits auf dem Papier, Strichdicke und Formulierung infolge schon frühkindlicher Übung in dem Tippen von Tasten und stereotyper digitaler Formen auf dem Bildschirm die Gestaltung grundlegend reduziert.

7

Die erste Farbstiftzeichnung eines Windenschwärmers 1939

8

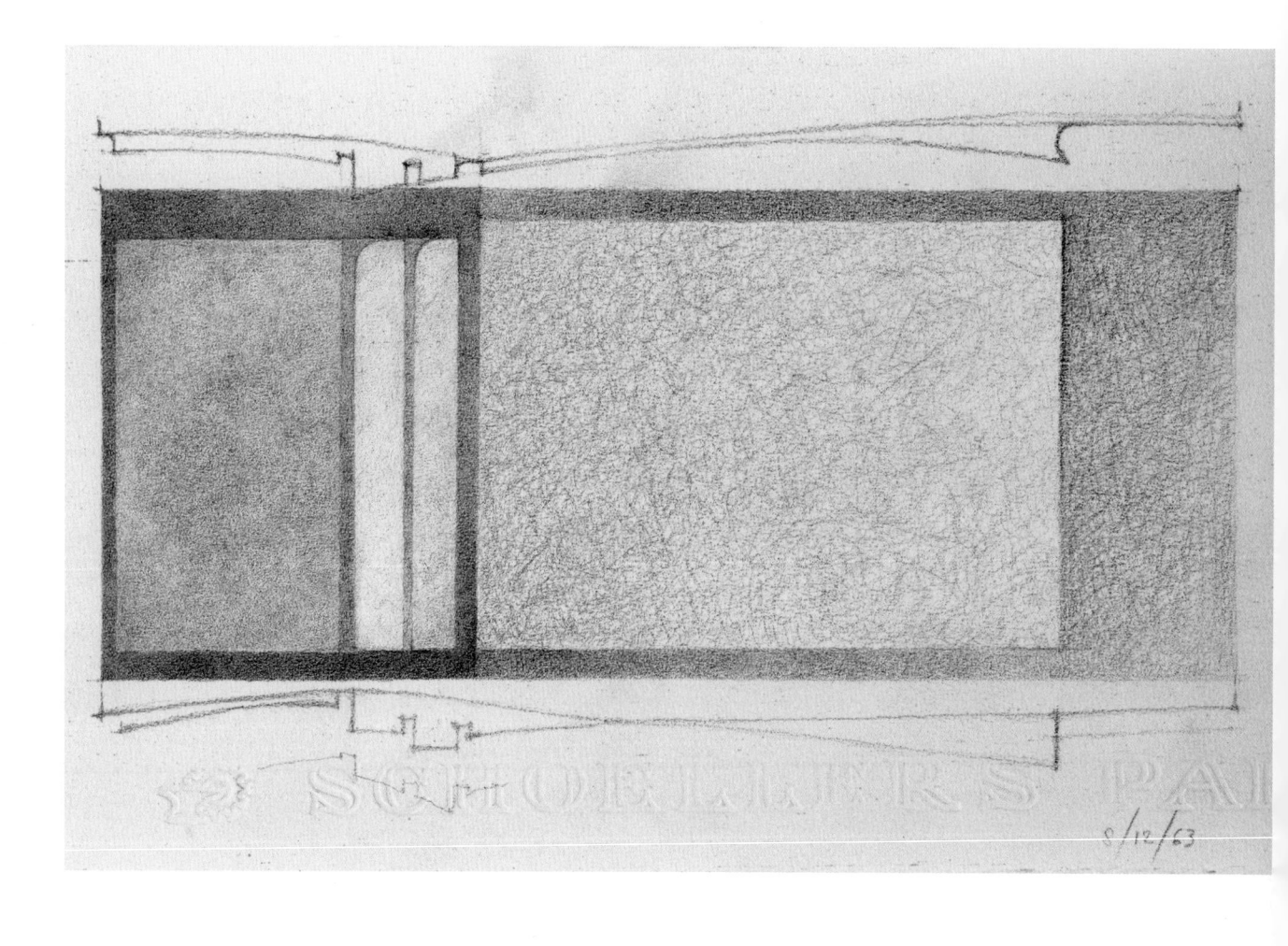

Studie für ein Wandrelief der Aula Kantonsschule Rämibühl Zürich 1963

9

Die erste abstrakte Farbstiftzeichnung 1952

Gebrauchsskulpturen für Ladenausbau

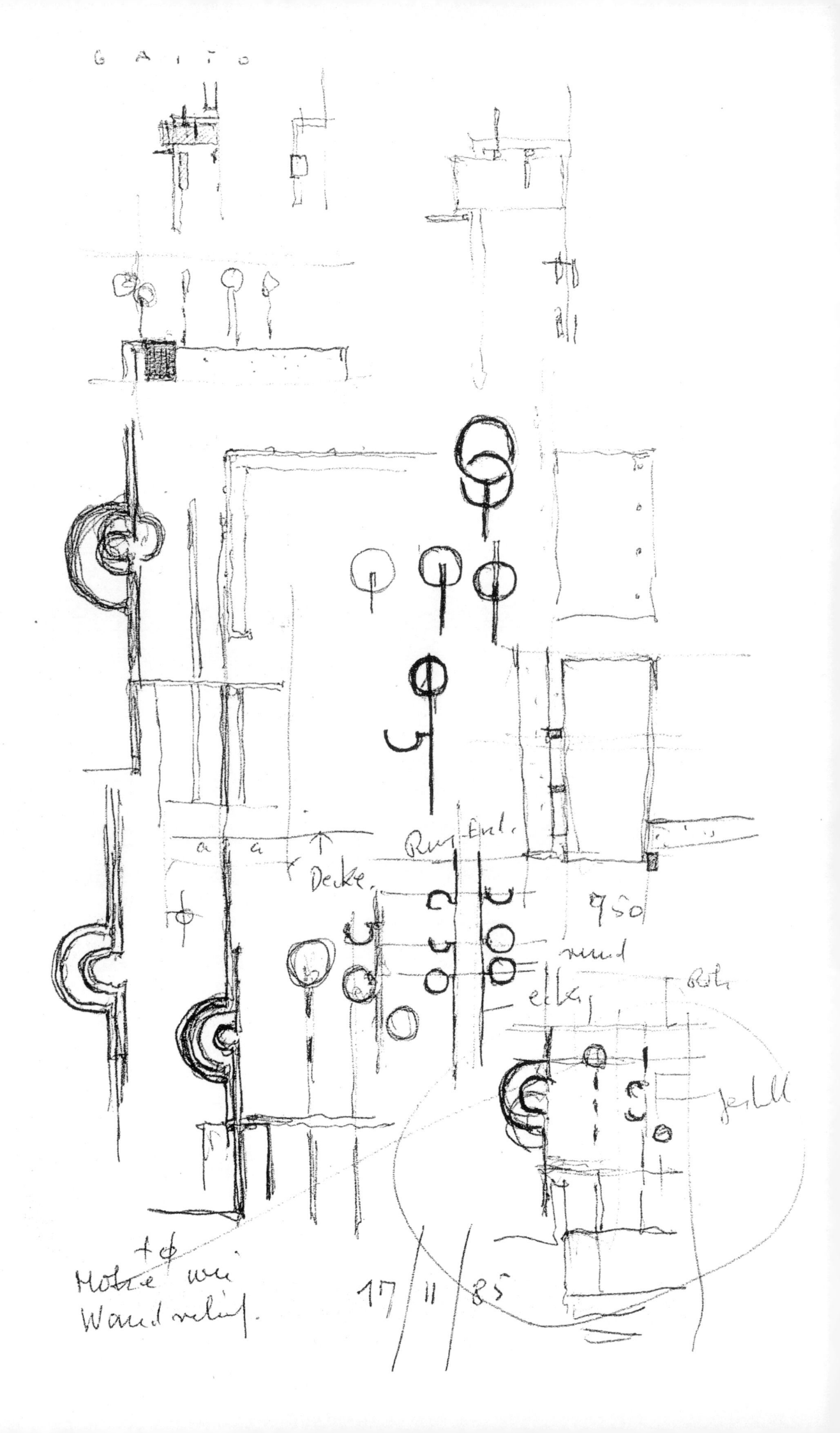

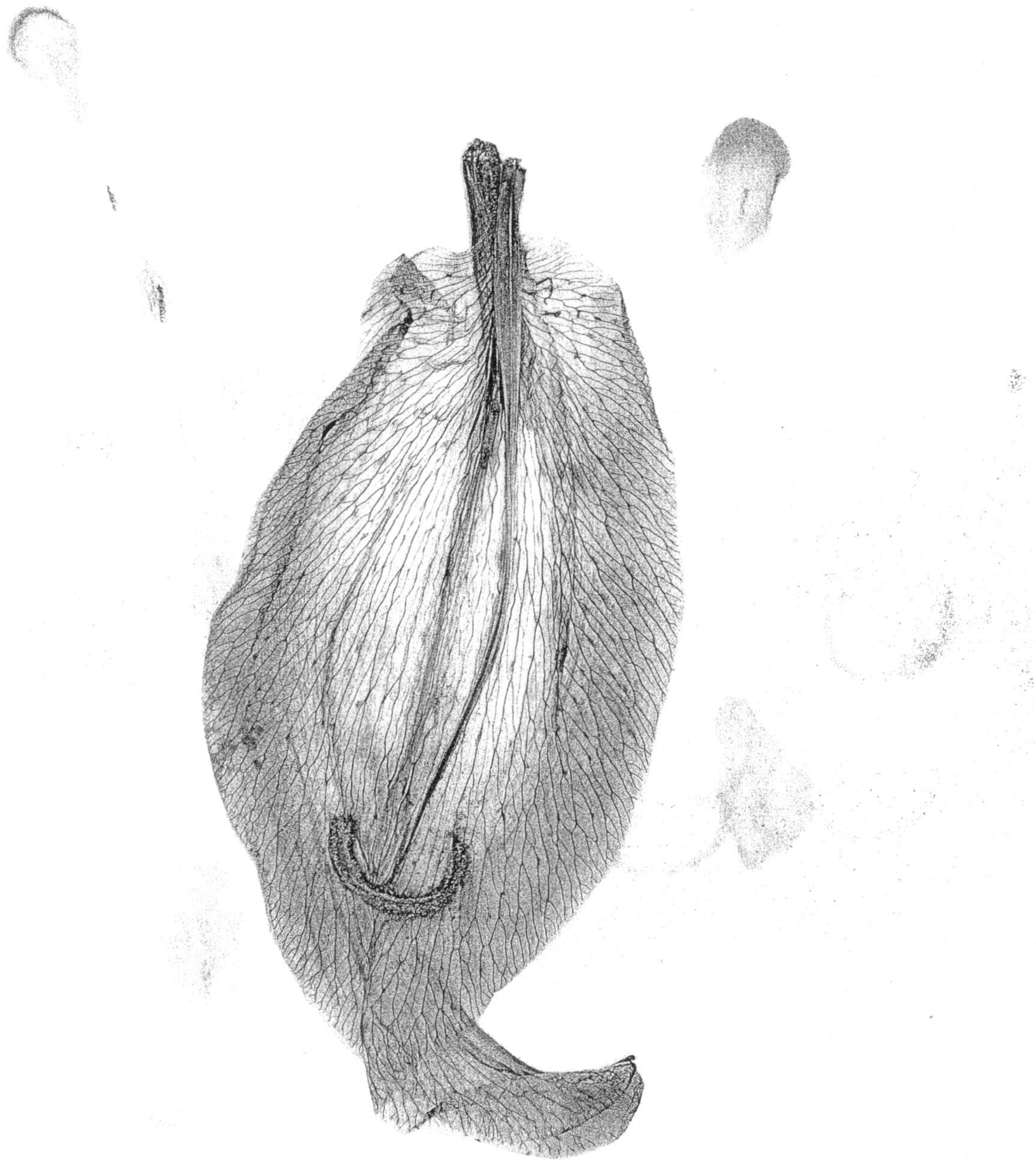

Kurt Schwitters «Das Huthbild» 1919 (Ausschnitt)

DAS PHOTOAUGE

13

Eine abgeräumte Plakatwand. Unsere Wahrnehmung ist geschult durch Kurt Schwitters für die Spuren der Zeit — des Werdens und Vergehens als Zeitzeugnis. Doch auch ein verändertes Bewusstsein des neu Gestalteten und dessen Reife und Veränderung. Keine Fertigprodukte.

14

Spuren der Zeit

Spuren heutigen Handwerks, Arbeitsfuge der Tafelschalung

TÜR UND TOR

Hierarchie der gestalterischen Stimmungsbildner: die Haustüre als Geste des Empfangs wie die gewölbte Wand in der Eingangshalle des Büroateliers.

17

ZEICHNE, ANTONIO, ZEICHNE

— sprach einst Arnold Kübler. Und es entstanden ein halbes Tausend Übungen, Studien, Entwürfe und wissenschaftliche Zeichnungen.

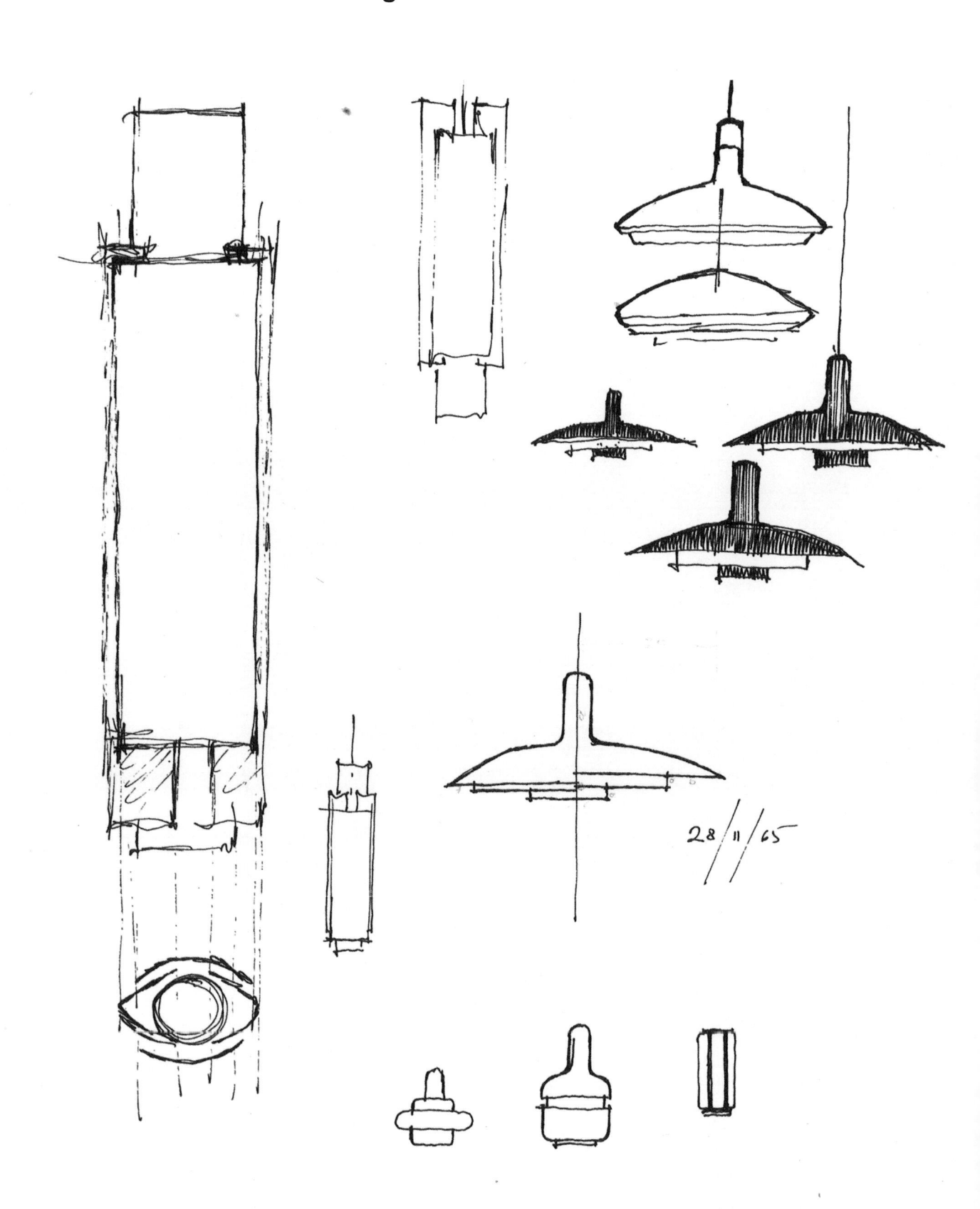

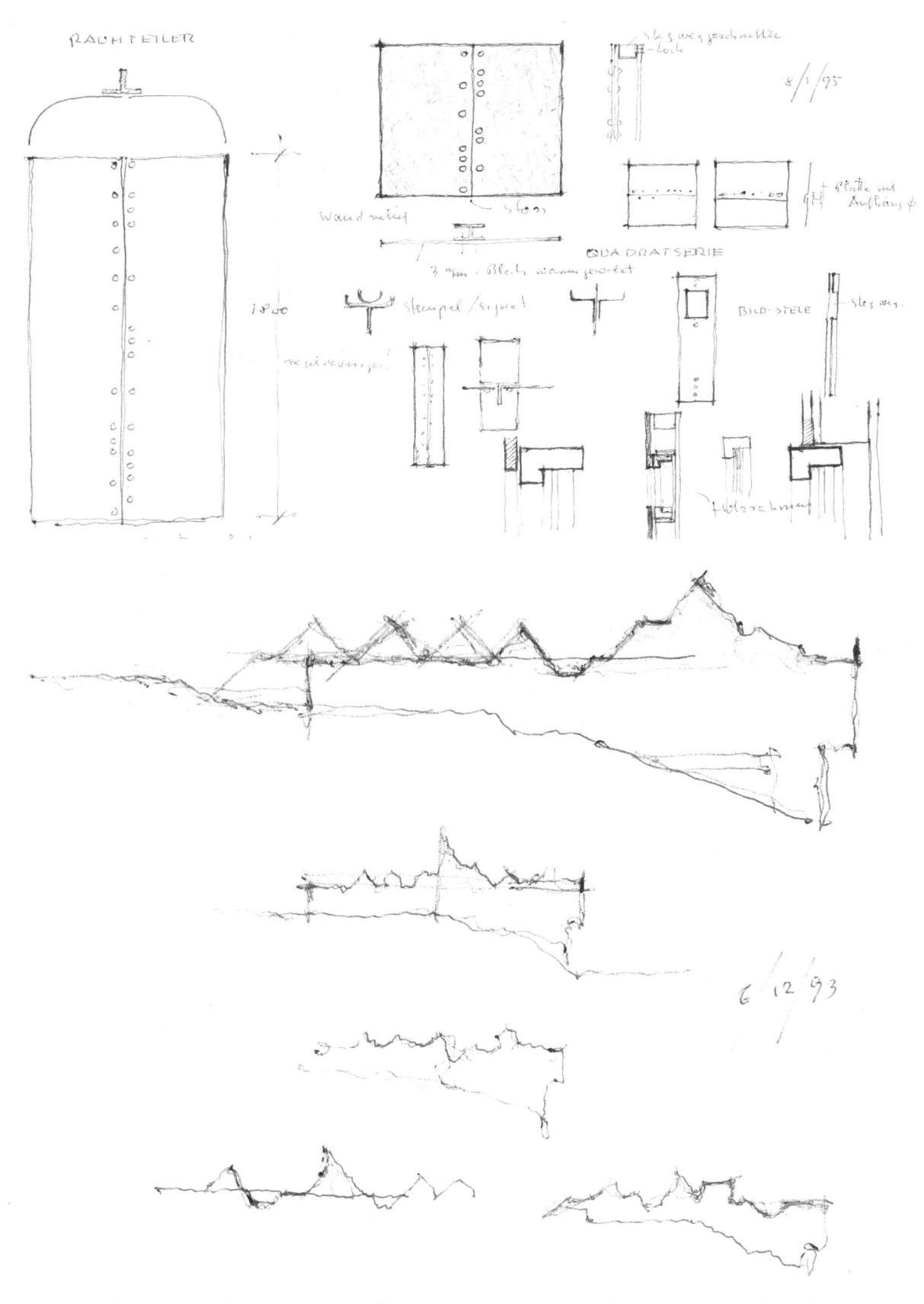

Es war selbstverständlich, den Innenausbau von der Küche bis zu den Lampen und Geräten zu entwerfen. Die Entwicklungsstudien waren Grundlagen für die Ausführungspläne, welche bei den Objekten von den industriell spezialisierten Firmen teilweise ins eigene Programm übernommen wurden.
Oben Ausbaudetails, unten die grosse Form von Gebäudeschnitten.

TOPOGRAPHIE UND RAUM

Aushub

Jeder Bau bedarf eines Aushubs. Der Boden wird aufgeladen, abgeführt, deponiert und ist gebührenpflichtig.

Wir setzen ein Bauwerk so ins Gelände, dass im Aussenraum möglichst wenig verändert werden muss. Den Aushub benützen wir zur Geländegestaltung einer Hügellandschaft und halten ebene Rasenflächen in kleinstnötigem Mass. Auf diese Weise entstehen kleine Raumkammern mit verschiedenen Biotopen.

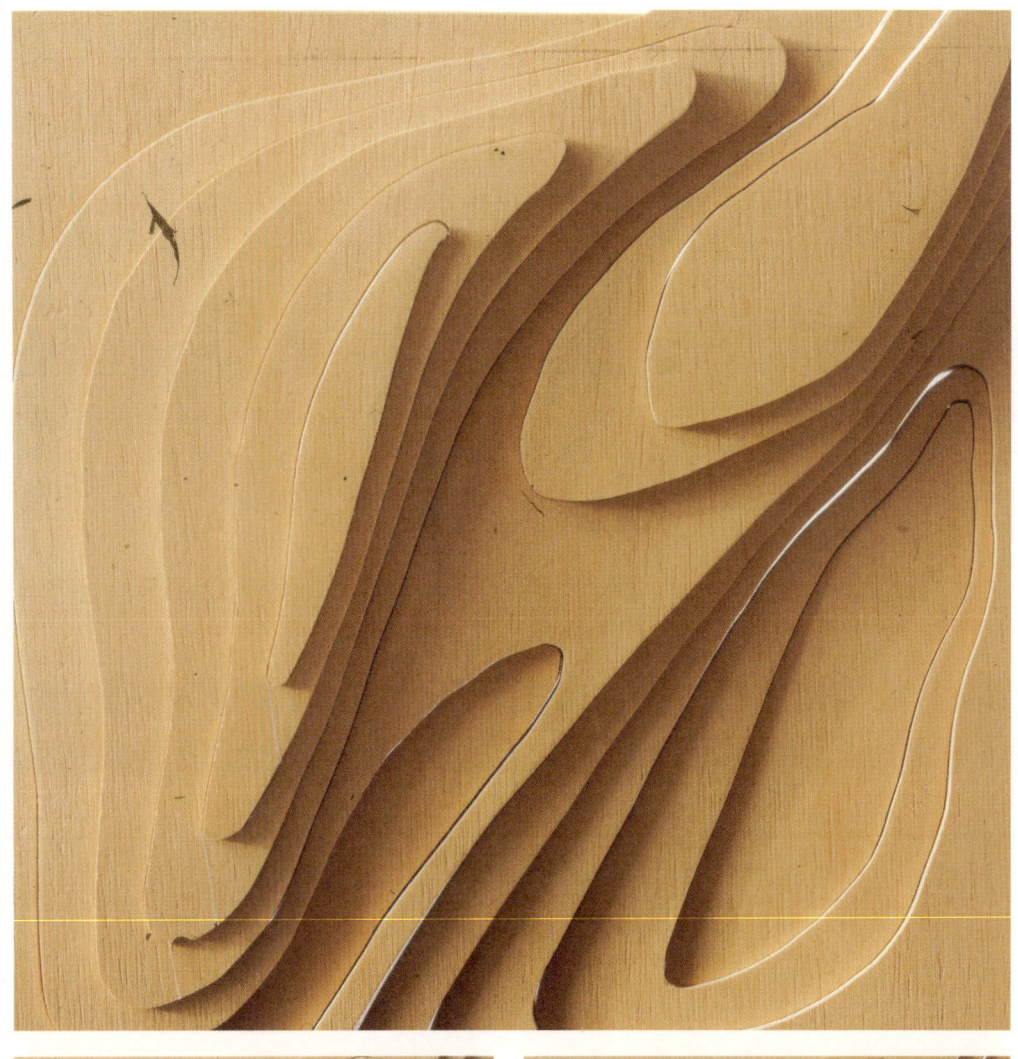

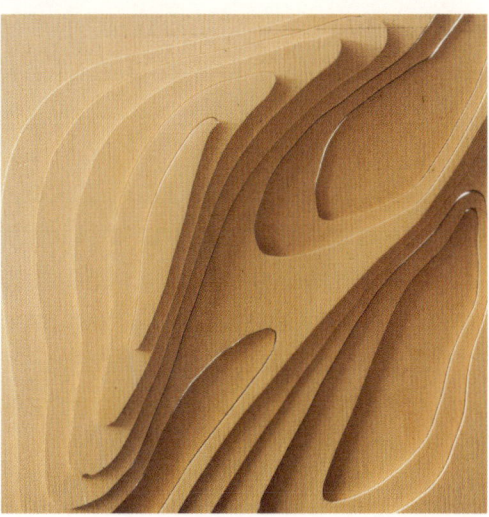

Renaturierung

Renaturierung der kanalisierten Eulach bei Winterthur. Aushub in der Umgebung und gleichzeitiger Einbau der verschiedenen Böden für eine Landschaft, in der sich Hügel und Biotope abwechseln.

Die Asphaltbeläge des ehemaligen Industriegebietes werden zertrümmert und aufgebrochen und entwickeln sich zu hochwertigen Primär- und Pionierbiotopen.

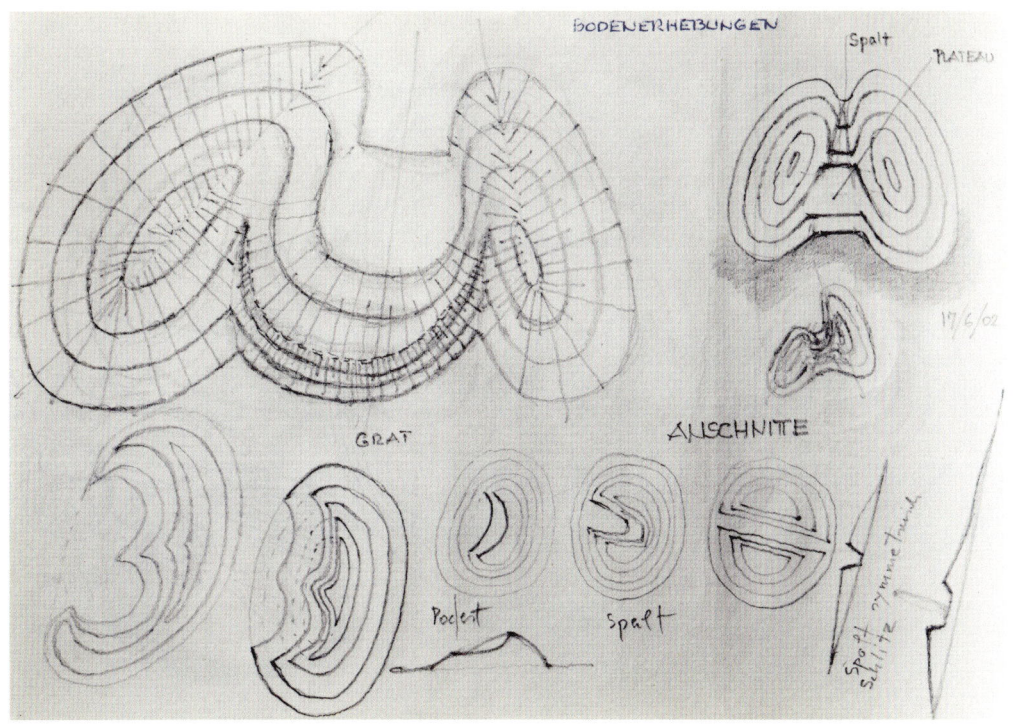

Studien für einen Skulpturenpark. Bodenrelief mit verschiedenen Höhen und Mulden als «Sockellandschaft» in wechselnden Perspektiven.

22

Die Teichlandschaft

Biotope und Bodentype

WESTLICHER PARKTEIL, UNIVERSITÄT IRCHEL ZÜRICH. NATÜRLICHE LANDSCHAFT INMITTEN DER STADT

Eine in jeder Hinsicht hochdifferenzierte Parklandschaft inmitten der Stadt Zürich, 1986 fertiggestellt. 12 Hektaren Brachland mit 225 000 Kubikmetern Aushubdeponien der Universitätsgebäude waren zu organisieren. Ein Gürtel von Hügeln schirmt gegen den umrandenden Verkehr ab. Zahllose Biotope sind nicht nur vielfältiger Lebensraum für Pflanzen und Tiere, sondern in erster Linie auch für den Menschen: für Studenten, Sportler, Familien, Gesellschaftsgruppen, Alleinstehende, Randständige und vor allem für Kinder. Die einheimische Vegetation braucht keine Wartung, sie regeneriert sich selbst. Der laufende Betrieb betrifft Säuberung, Lieferung von Holz für die Feuerstellen und nach dem Winter die Behebung der Schäden an den Kieswegen.

Treppenlandschaft

Aus Sandsteinquadern, länglichen Blöcken und Platten — damals Abfallmaterial — entstand eine Komposition über sechs Felder. Stein an Stein wurde spontan aneinandergefügt und in der Luftaufnahme die Komposition nachträglich im Ausschnitt sichtbar gemacht.

Kinderspielplätze

Riesige Findlinge auf der Aushubdeponie blieben nicht verschiebbar. Der Hügel wurde spontan in die Landschaft integriert und kleinere Findlinge zur Burg gefügt.

Der Sandspielplatz ist das Ornament alter gekrümmter Randsteine verschiedener Radien. Kinder brauchen Bodenkontakt bei beiden Projekten.

26

Spiel am Wasser. Moränenburg im Hintergrund

Der Seesteg

KANTONSSCHULE RÄMIBÜHL ZÜRICH

Die 1970 eröffnete Kantonsschule Rämibühl ist exemplarisch für den Umgang mit historischen Gärten und baulich technischen und räumlichen Innovationen für drei Gymnasien mit 2000 Schulplätzen. Die damalige Sparwut der Stadt erlaubte uns reinste asketische Gestaltung auszuüben.

Die hügelige Landschaft und die Gärten der Altzürcherfamilien schufen entgegen des seinerzeitigen Trends zur Hallenschule das Konzept einer Korridorschule mit der Aufreihung der Schulräume und mit der Differenzierung kleiner Nischen. Die schlanken Baukörper schmiegen sich um die alten Baumgruppen, Hügel und Gartengemäuer. Neu ist die Vorfabrikation der Fassadenpfeiler, das Dachgeschoss mit Terrasse sowie die geschwungene Form der Aula mit den Fassadenflügeln aus Beton mit Schwartenschalung.

Die geschwungene Fassade mit gestaffelten Pfeilern

Der abgehobene Pflanztrog auf der Dachterrasse

Das Amphitheater der Aula mit Raumbühne für unterschiedliche Nutzungen

Die Schwartenschalung der geschwungenen Betonflügel der Aula

30

Aula und Mensa in der natürlichen Landschaft

Der Schulgarten als Landschaft

RAUMPLANUNG GOCKHAUSEN

RICHTPLAN KAT. 9979 MST. 1/500
12005

Konzept Atelierzentrum 1973

Das Atelier

Die goldenen Sechzigerjahre waren Umbruch und Aufbruch. Dringende Regionalplanung setzte ein und neue Planungsmethoden mit Ausnützungsziffern und Arealüberbauungen mussten umgesetzt und in den Bauordnungen formuliert werden. Gockhausen, ein kleiner Weiler am Stadtrand Zürichs, wurde zum Experimentierfeld. Unter einer aufgeschlossenen Baubehörde setzten wir unsere Visionen noch während der Planungsphase um, ein rechtliches Abenteuer, einmalig, aber bis heute ein voller Erfolg.

Ein älterer Landwirt gab seinen Betrieb auf, wir konnten sein Gelände erwerben. Auf drei grossen Parzellen planten wir die «Atelierzone» für eine flexible Mischung von Arbeiten und Wohnen grundsätzlich auf einem eingeschossigen Standardraster. Teil des Systems war als Besitzverhältnis die Wiedereinführung des uralten, aufgegebenen Baurechts unter neuer Bedingung des Heimfalls mit Entschädigung. Dies gab Wenigbemittelten die Möglichkeit zum Erwerb eines Eigenheims und gleichzeitig beherrschten wir die ganze Umgebungsgestaltung und verhindern so die bekannten Auswüchse egoistischer Abtrennung zu den Nachbarn und Umzäunungen.

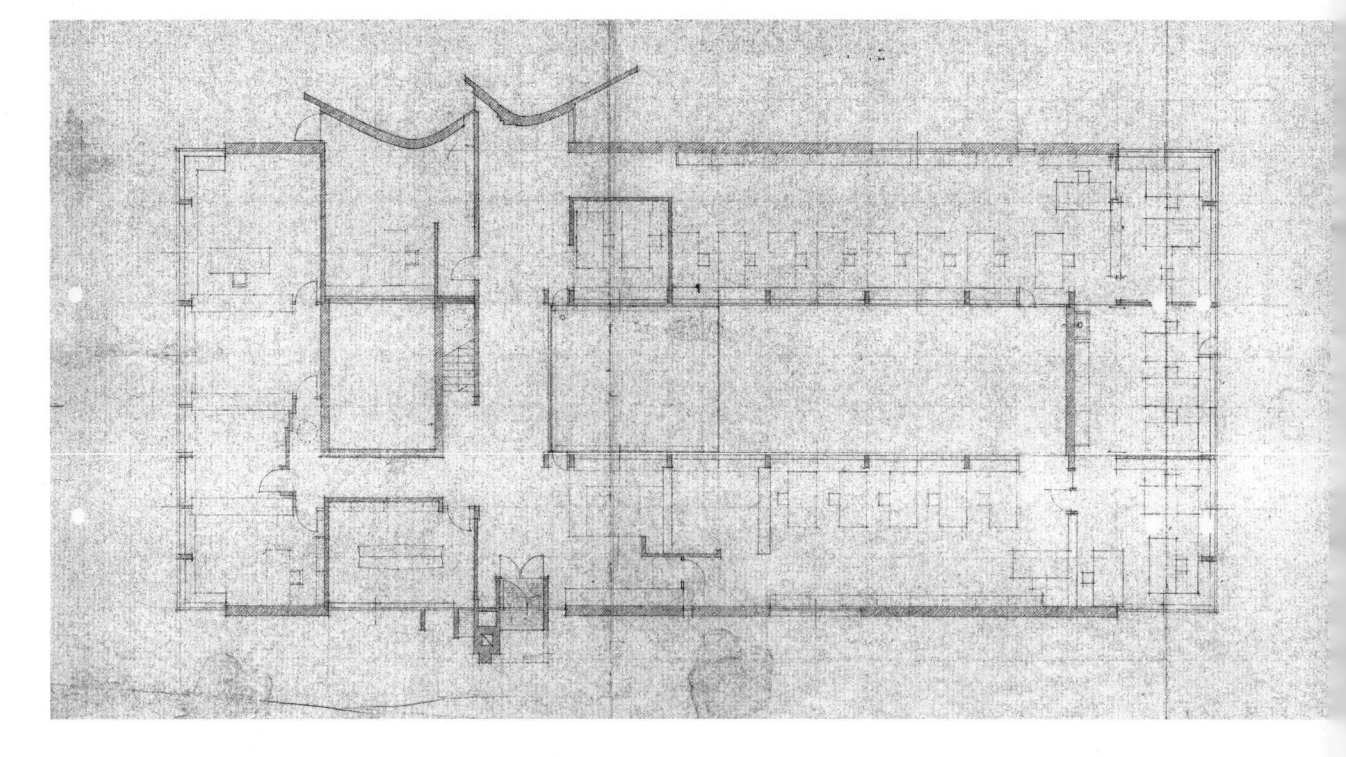

Atelier mit Atrien

Es war der erste Bau 1964 auf der grünen Wiese. Ein Atriumbau mit Räumen um zwei Innenhöfe, introvertiert und in der Raumteilung flexibel.

Die geschwungenen Fassadenflügel finden ihre Spiegelung im Wohnhaus des Architekten «im Binzen» 1969. Sie waren technische und formale Bemusterung für Wandflügel der in Planung befindlichen introvertierten Raumstimmung mit nicht sichtbarem Seitenlicht.

Das Atelier auf freiem Feld 1964

Die Eingangshalle. Introvertierte Raumstimmung mit nicht sichtbarem Seitenlicht

Der Zeichenraum

Studio mit Atrium

Das Wohnhaus im Binzen

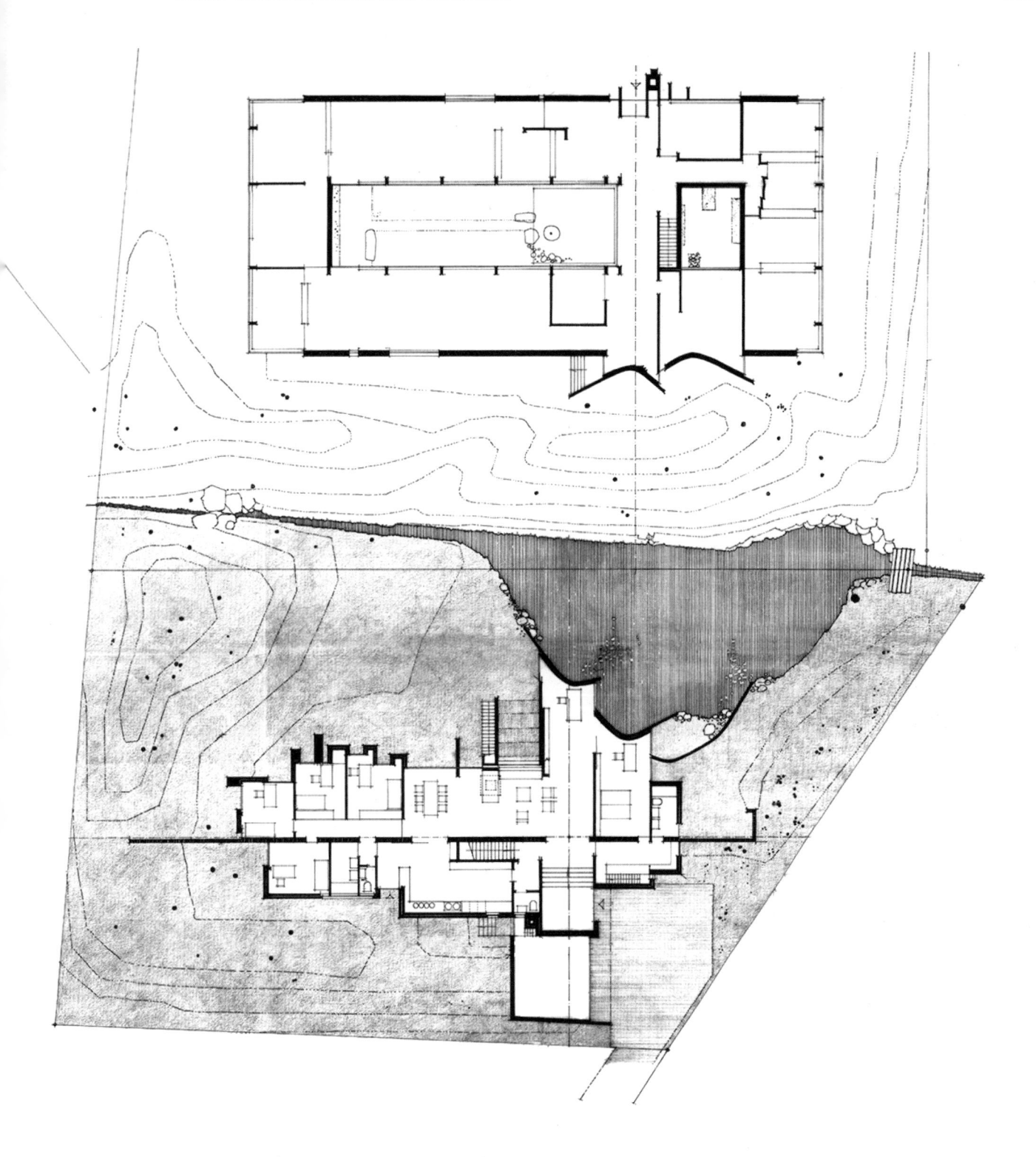

Es ist ein von jeglicher Konvention gelöster Bau mit allen Aspekten räumlicher Beziehungen im Innern und zur Umgebung. Neu ist die Folge der geschwungenen Decken über dem Wohnteil und deren Schalung mit Oberlichtbändern über Küche und Essteil mit Öffnung zum Garten. Der Schlafteil wird mit schweren Pfeilern gefasst — Modell für die Kantonsschule Rämibühl.

Die bergseitige Front steht im Wasser des natürlich gestauten Teichs auf Felsengrund. Die Wasseraufbereitung für das Schwimmbecken am Kopfende des Schlafteils wurde nicht in Betrieb genommen. Hier entstand das Konzept der Wasserregenerierung für Schwimmteiche 1970!

36

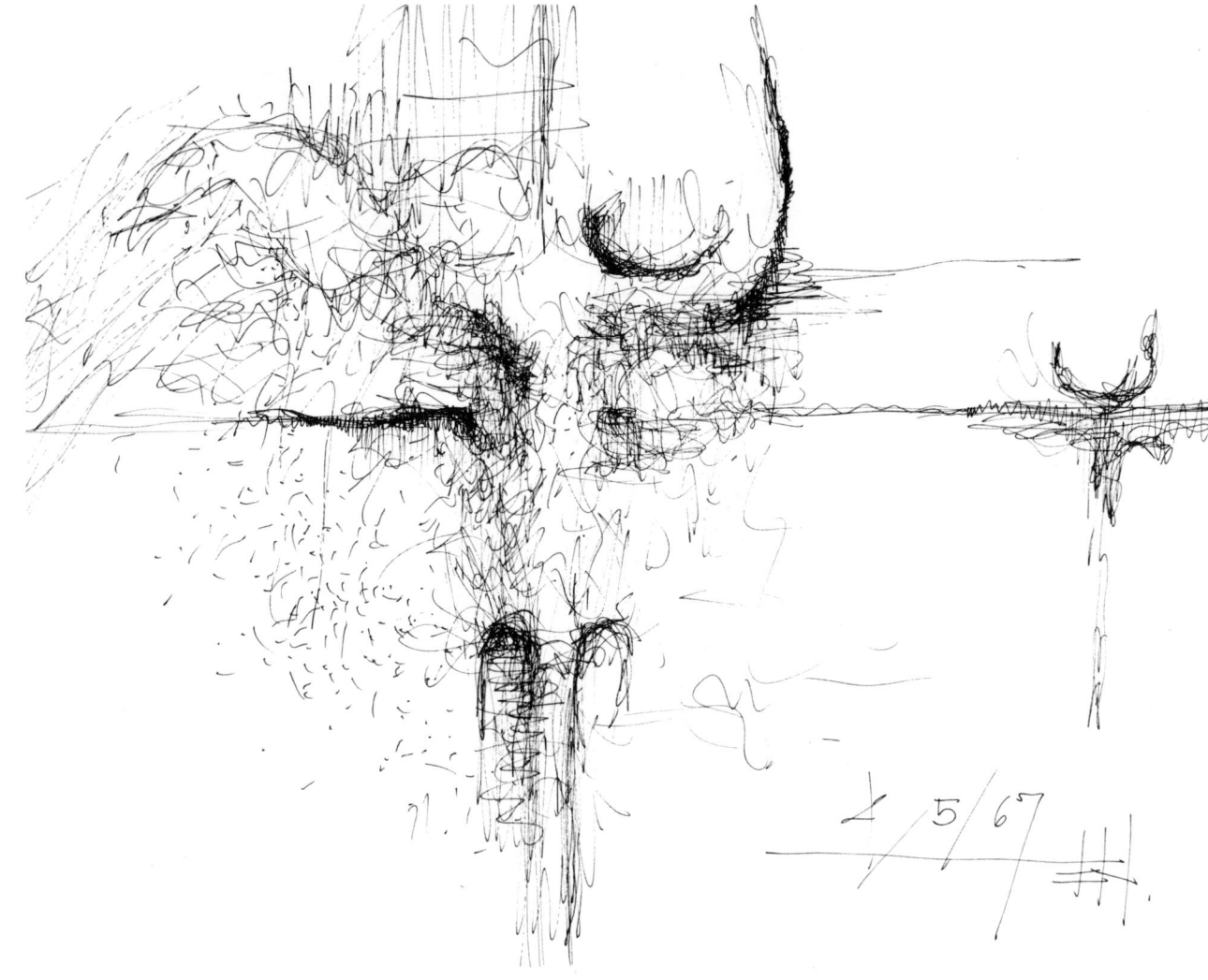

Die Hauptfront im Teich mit Sitzplatz

Spuren der Orientierung

Die Formung der Gewölbe

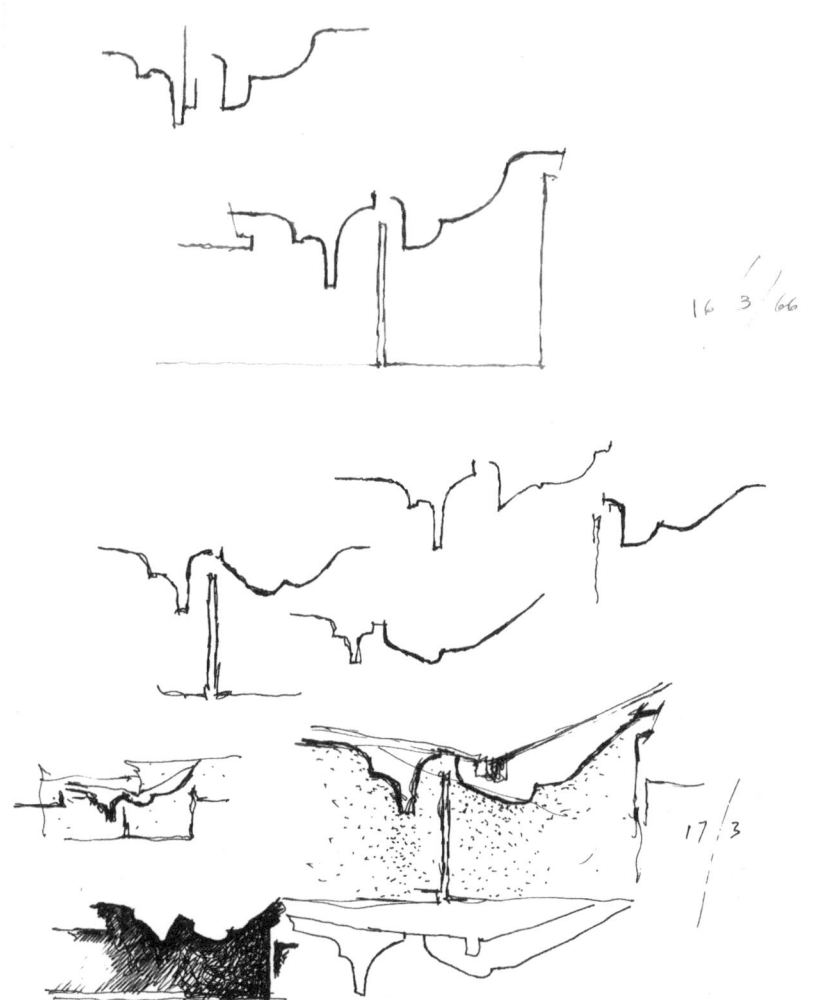

Die Halle mit den Deckengewölben

Deckendetail

Wohn-Essraum

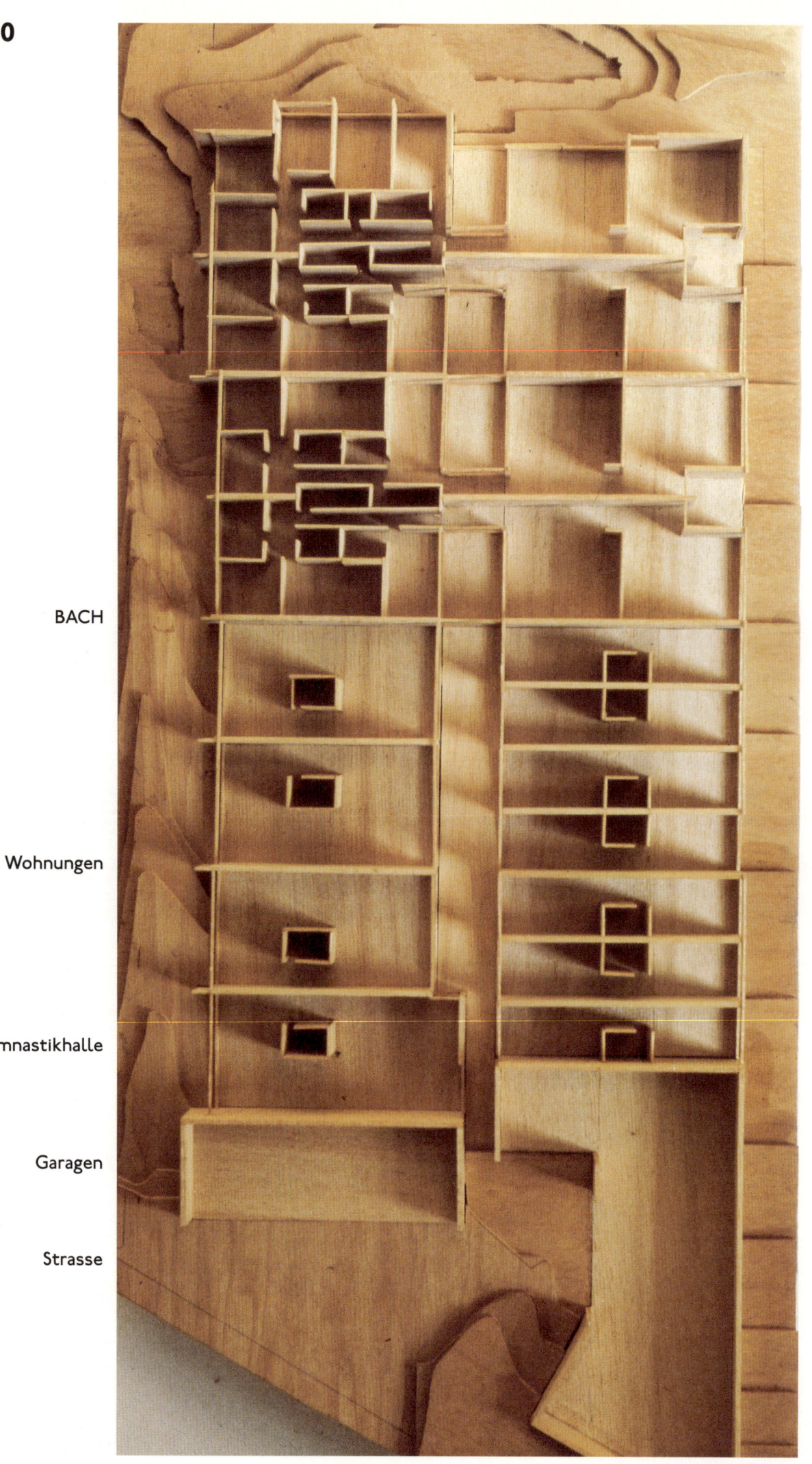

Atriumshäuse

BACH

PARK

Wohnungen

Wohnateliers

Gymnastikhalle

Garagen

Strasse

Schwimmhall

Das Atelierzentrum

Das 1972 zuletzt erworbene Grundstück im Umfang einer halben Hektare war Ausgangslage für ein eigenes Planungsobjekt. Die Aufteilung in Parzellen für einzelne Einfamilienhäuser oder Gruppen wurde verworfen. Plötzlich stand die Vision eines eingeschossigen Teppichs von Wohnstätten auf einem Querraster von 1,8 Meter.

Unten von der Strasse her wurde das Feld durch eine innere Gasse als Innenhof gespalten und es entstand eine beidseitig flexible Nutzung mit Wohnateliers, Gymnastikhalle und zwei Wohnungen. Talwärts oben vier durchgehende Atriumshäuser.

Eine bautechnische Innovation war die Verwendung von Bodenplatten statt Streifenfundamenten und als Heizung die zweite Anlage in der Schweiz die «Multibeton»-Bodenheizung.

Ohne Baufirma führten wir mit Hilfskräften, Studenten und Akkordanten den standardisierten Rohbau 1973, innert Jahresfrist, durch.

Die Wohngasse

Die Südseite des Wohnateliers

Korridor, rechts Wohnraum, Küche und Essraum

43

Der Patio vor dem Elternzimmer

Der Patio vor dem Essraum

Unterflur-Maisonette

Eine Unterflur-Maisonette zwischen zwei grösseren Gebäudekomplexen. Das Erdgeschoss ist Wohn- und Essbereich, das als Halle abgesenkte Untergeschoss Schlafraum mit Bad und Nebenräumen.

Sie ist ein Muster der Räumlichkeit über zwei Geschosse mit den Oberlichtern, der Modellierung des aufgehenden Mauerwerks, dem Sichtbeton, dem Waschputz (gewaschener Grundputz aus Grubensand) in Weiss und Britannia-Silber.

Innenliegender Essraum unter Oberlichtkuppeln und Lichtschlitz

Blick aus dem Schlafraum

Das Wohnhaus

Anstelle der ursprünglich geplanten Schwimmhalle erstellten wir 1980 das Wohnhaus, das Atelier 16. Wiederum nutzten wir unsere prägenden Deckengewölbe, um aus der Geländestufe die Decke des Wohnraums über das Dachniveau der talseitigen Wohnateliers zu heben, damit im Obergeschoss die beiden innenliegenden Räume belichtet sind. Vor der Wohnfront liegt ein mit einer grossen Sandsteinplatte überbrückter Wassergraben.

Geschwungene und gestaffelte Betonflügel grenzen gegen die Strasse ab. Der einstige Gartenschopf wurde teilweise zum Atelier und Gästehaus ausgebaut.

Der Garten ist streng durch ausgediente Trottoirstufen gegliedert im Spiel mit Sandsteinblöcken und Pflästerungen. In dieses Bodenrelief eingelassen sind zwei ehemalige runde Tränken aus der Puszta.

Markiert wird der Aussenraum durch die benachbarten Eichen und einer Säuleneibe. Der ganze Raum wird zunehmend spontan von der Vegetation erobert.

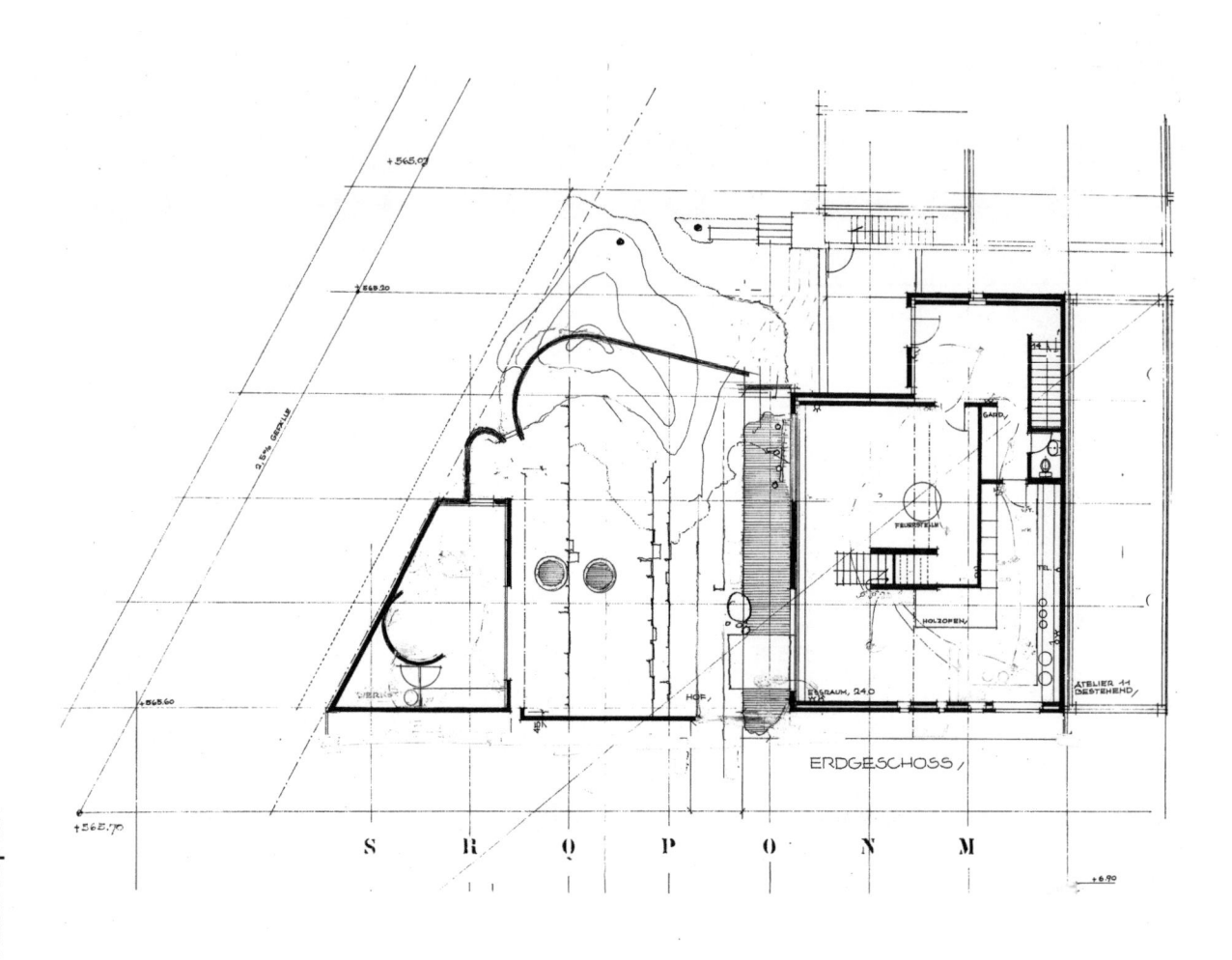

Situationsplan

Der Wohnraum mit den Deckengewölben

Die Treppe mit Oberlichtkuppel durchstösst das Deckengewölbe.

Das Gästehaus im Schnee

Das Schiebetor

Der gestufte Garten eben fertiggestellt

Derselbe Blick Jahre später

Eine nochmalige Entwicklung. Das dominante Epilobium angustifolium ist zwar einheimisch, doch nicht standortgerecht.

Die Umfassungsmauern

Trittgesellschaften

Findling am Wasser

TOPOGRAPHIE UND BODEN

Die brutale Gewalt der Geländeformation

Im Gegensatz zum traditionellen räumlichen Denken in Ebenen und Gemäuern denken wir plastisch in Bodenreliefs und reduzieren Ebenen auf das absolut Notwendige.

Jeder Hügel hat seine eigene, oft wechselnde Bodenqualität und seine Flanken sind der Sonne und dem Wind unterschiedlich exponiert. Die spontane Vegetation ist dementsprechend angepasst und verschiedenartig. Dies spielt für die Entwicklungsfolge und für den Unterhalt eine entscheidende Rolle.

Das rohe fertige Gelände humusiert nach Vegetationsplan.

DER STEIN IM RELIEF

Das Bodenrelief eines Sitzplatzes am Wasser mit gegenüberliegendem Biotop

Hochgestellte Sandstein-Krustenplatten als Raumteiler

Verucano-Platten und Blöcke im Kontext mit Findlingen aus der Baugrube

56

Das Chaos vor der Schöpfung

Und was daraus wird

VEGETATION IM RAUM

Der Baum

Wir befassen uns mit dem Baum nicht als Fassadendekoration oder Schattenspender, sondern als lebendigem Geschöpf im Kontext der Architektur, als raum- und stimmungsbildendes Element, als Biotop, der Solitär, das Paar, Dreiergruppe, das Geviert, das Gehölz, der Park, die Allee.

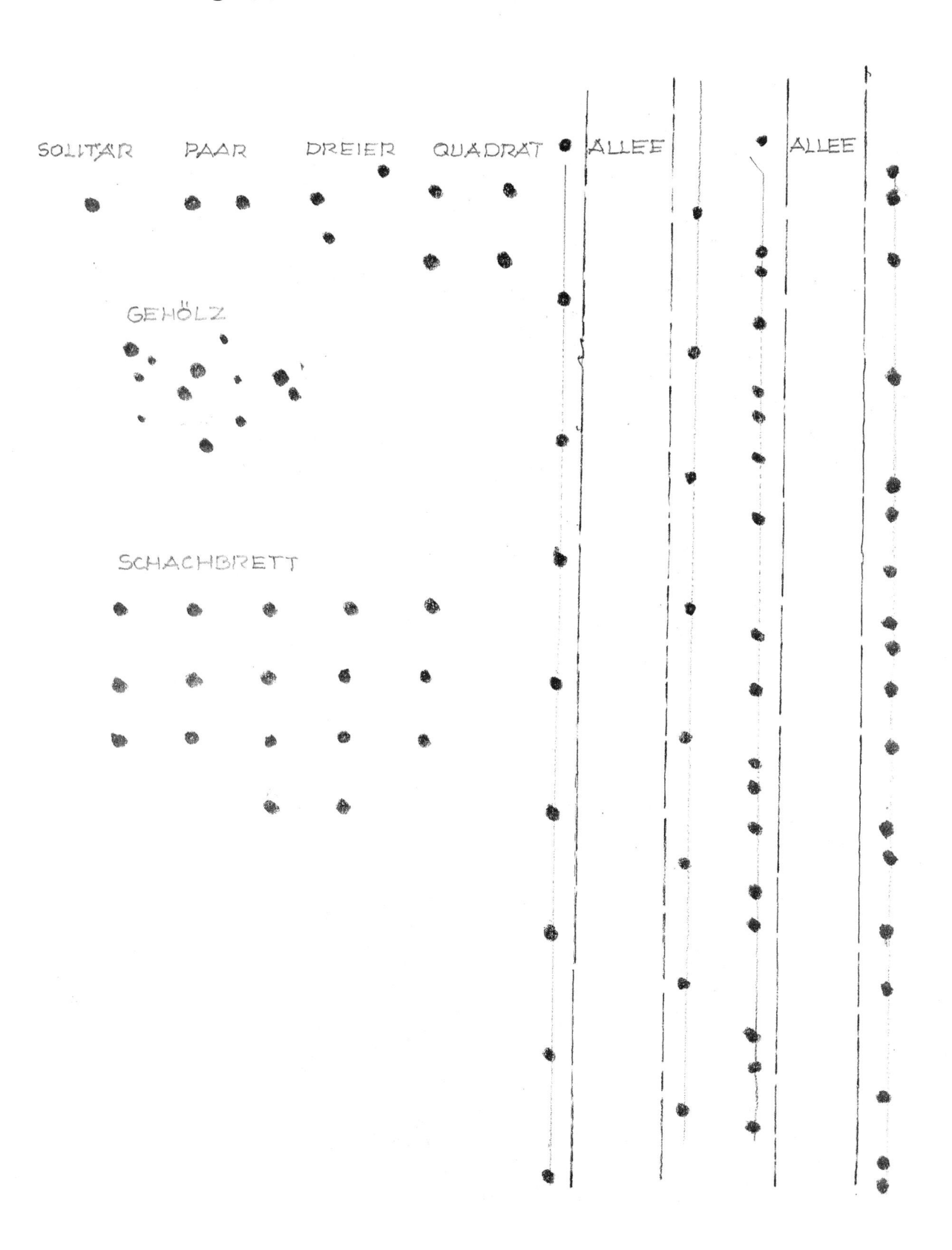

Der Stamm ist eine Raumskulptur (Metasequoia glyptostroboides).

Die Säuleneibenzwillinge markieren den Zugang.

Der Solitär als optisches Zentrum des Gartens

Die Baumgruppe auf wenigen Quadratmetern als Baumgesellschaft

Das Gehölz

Die mächtigen Stämme der Umweltbäume fassen den Raum um das Atelier.

Die herrschaftliche Zypressenallee

Rasen, Wiese, Staudenflur

Trittgesellschaften

DIE DACHBEGRÜNUNG

Entgegen früherer Praxis braucht es für die Dachbegrünung keinen hohen Humusaufbau, womöglich noch mit Bewässerung. Beim Kiesklebedach mit Wurzelschutzschicht genügt das übliche deckende Substrat von einer 50 bis 70 Millimieter dicken Kiesschicht. Es siedeln sich Pioniergesellschaften an, deren Wasserhaushalt von nächtlicher Taubildung nahezu dauernd ist.

Manche Dachflächen sind einsehbar. Durch den Wechsel des Substrats und die Kombination von Geröll, Sand, Quarzsand, Lehmboden und Holz kann eine Vielfalt von Extrembiotopen gebildet werden. Es ist ein Gestaltungsplan anzulegen und es ist ein Abenteuer zu sehen, was sich hält und wo unerwartete Stauden spontan sich ansiedeln.

Es entsteht ein Teppich gewollt offener Stellen (Geröll) von Moosen, Gräsern, Sukkulenten bis zu einheimischen Orchideen. Aus statistisch Gründen lassen die Dachränder eine höhere Belastung zu, so dass das Substrat erhöht werden kann und Kleinsträucher wie Ginster, Wachholder, Rosenarten eine wechselnde Silhouette bilden können. Spontane Begrünung.

Graslilien

Sukkulenten auf Kies und Geröll

FASSADEN UND TERRASSEN

Das Konzept eines Mehrfamilienhauses mit Balkonen als Pflanztrog und Sitzplatz, welches den Bauherrn zur Auftragserteilung begeistert. Auf dem Dach das Schwimmbad! Haus Curti 1961!

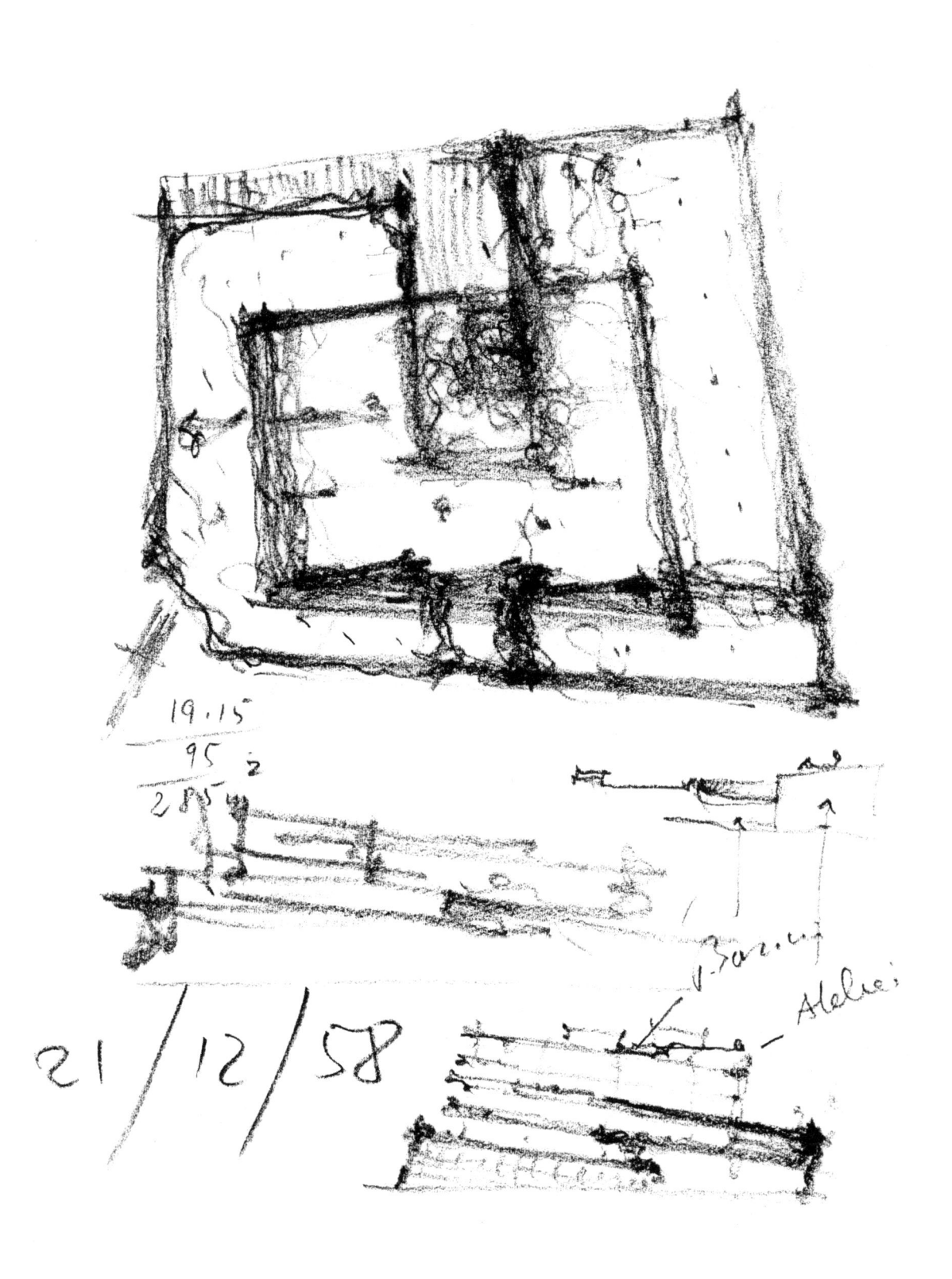

21/12/58

66

Dachgeschoss mit Kleinwohnung, Sitzplatz, Schwimmbecken und breitem Pflanztrog

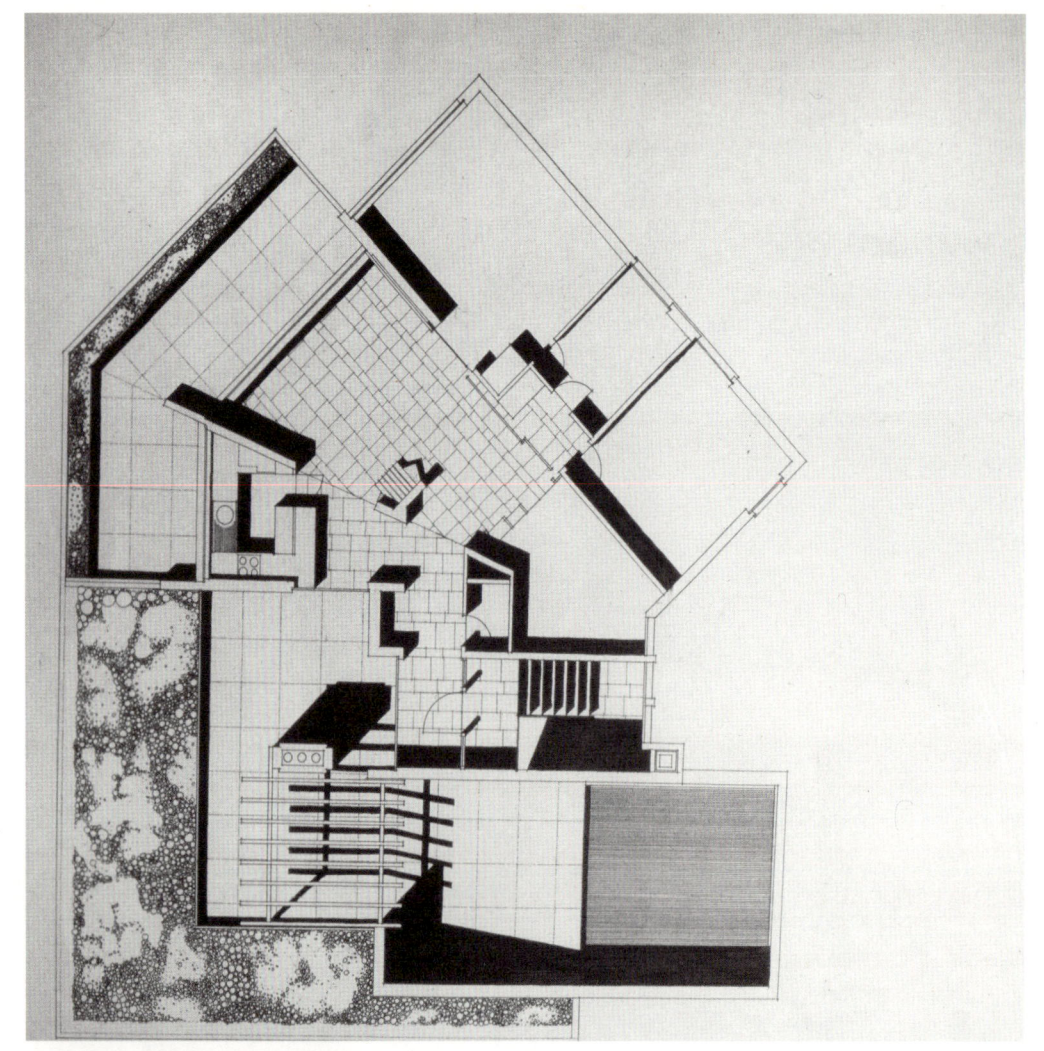

Westfront mit Pflanztrögen als Fensterbrüstung

Terrassenüberbauung. Breite Pflanzflächen auf wenig Substrat statt Geländer

68

Auf dem Dach des Geschäftshauses eine Doppelvilla, Sitzplätze und breiter Pflanztrog auf eigenen Tragscheiben vor der Fassade

Der abgehobene Pflanztrog

GEWÄSSER

Unsere künstlichen Gewässer sind folgendermassen aufgebaut: Über der ausgehobenen Bodenmulde folgen sich eine Lage Ausgleichssand zum Schutz der Folie, die spezielle 2 Millimeter dicke Kunststofffolie bis 1 Meter über vorgesehenem Wasserstand, ein Schutzvlies, 5 bis 10 Zentimeter Magerbeton als Deckbelag.

Dieser ist am anderen Tag betretbar und bereit für die Ufergestaltung mit Geröll, Findlingen und Holz. Um unter Umständen einen Grundwasserauftrieb zu vermeiden, empfiehlt sich eine Teilfüllung. In unseren Breitengraden übertrifft der Niederschlag die Verdunstung, eine zusätzliche Wasserzufuhr vom Dache eines nahen Hauses ist empfehlenswert.

Nach der ersten Füllung wird der Boden blendend weiss durch chemische Reaktion mit dem Beton, doch bald begrünt sich das Wasser durch Plankton, Zeichen von beginnendem Lebens.

Wasser hat auch im Winter seinen Reiz.

Die Ufer sollen auch zum Baden einladen – mit entsprechender Sicherung.

Spontan aus Baumaterial ein Floss improvisiert – eine eigene Körpererfahrung

Der Tümpel

Die Algenlandschaft infolge eines überdüngten Zuflusses

72

Der Teich auf dem Garagendach

Im Bau

Der Quartierteich

Der Quartiersee in der Parklandschaft

DER SCHWIMMTEICH

Der Funke blitzte beim Eigenheim 1968/69. Das Schwimmbecken war gebaut, die Leitungen gelegt, die Wasseraufbereitung geplant – und abbestellt. Im Becken wurden die Anschlüsse verschraubt und innert Jahresfrist war der Wasserstand nahezu erreicht aus der Differenz von Niederschlag und Verdunstung. Der erste Schritt.

Dann die Idee. Es müsste möglich sein, das Wasser in den nahe gelegenen Teich zu pumpen und nach einer natürlichen Sandfilterung im Boden ins Schwimmbecken zurückfliessenzulassen.

Der nächste Schritt war die Integration von Schwimmbecken und Teich in die Landschaft eines Privatgartens, ein reiches Feld vielfältiger topographischer Voraussetzungen und Ansprüche. Bald zeigte es sich, dass die Trennung unnötig war: Das klare zurückfliessende Wasser genügte nicht, um das in der Zwischenzeit gebildete Plankton wesentlich zu reduzieren, so dass sich das Projekt schliesslich vereinfachte. Die Teichmulde wurde geteilt in den natürlichen Teich, der Störung wegen abgetrennt durch eine Mauer als Steg, und das anschliessende Schwimmbecken mit Betonboden, um Schlamm absaugen zu können. Heute ist dieses Konzept industrieller Standard.

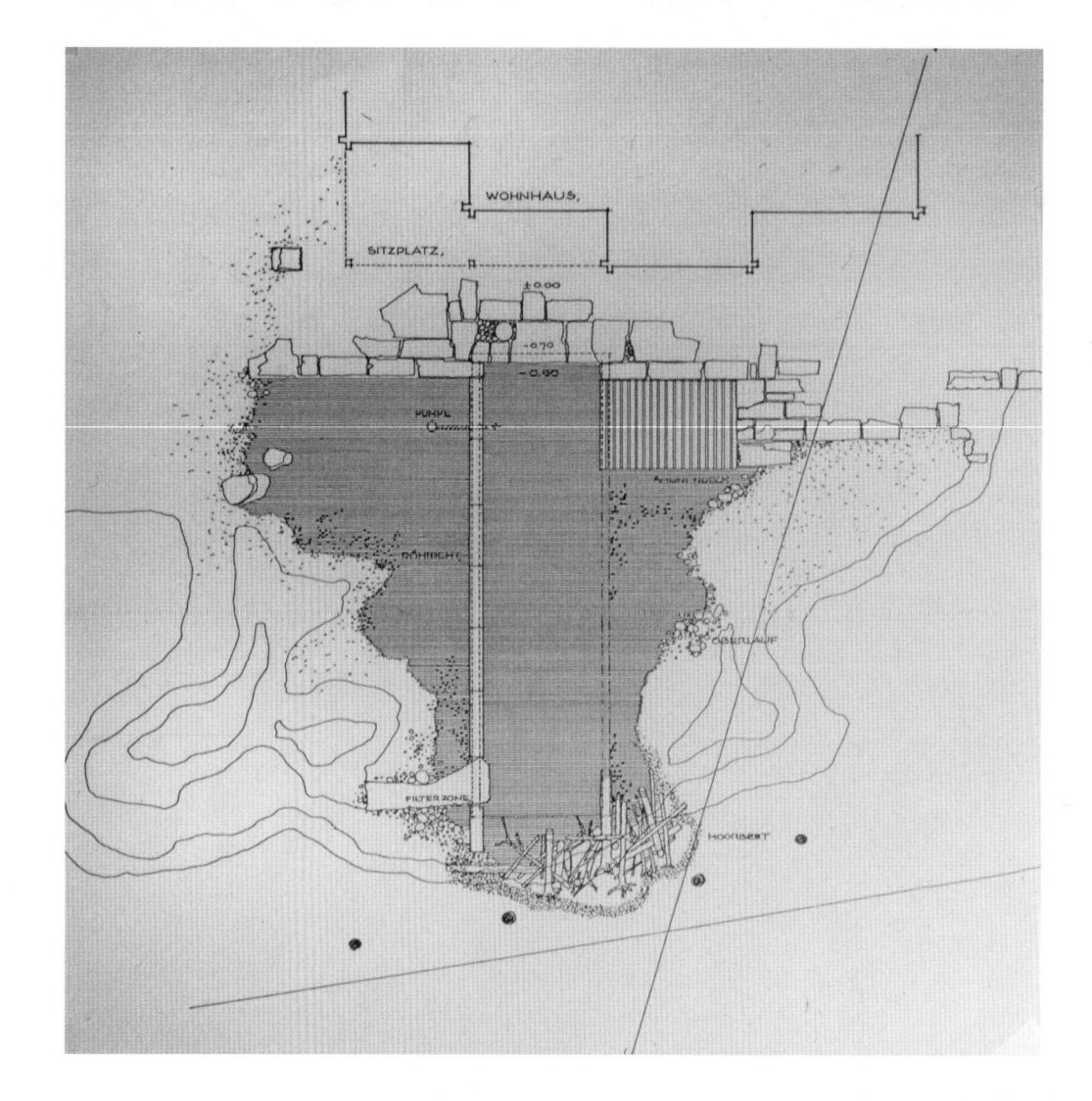

Links der Regenerationsteich mit trennendem Steg, in der Mitte der Schwimmbereich, rechts die Unterwassermauer mit nochmaliger Vegetationszone

Der Trennsteg und Schwimmbereich im Bau

Die fertige Anlage

76

Ein Schlossteich im Morgendunst

Der Schwimmteich als Biotop in einem Obstgarten

Der Schwimmteich am Hang

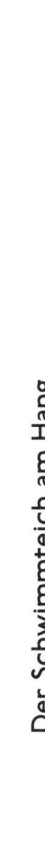

Der Sitzplatz überbrückt den Vegetationsbereich zum dahinterliegenden Schwimmteich.

IM REICHE DER SINNE, DIE KINDER

Ein vordergründiger Auftrag unserer Umweltgestaltung ist die Schaffung einer Welt für die Kinder. Auf der einen Seite wird ihre Wahrnehmung durch die digitalen Medien von den ersten Jahren an schwer geschädigt, andererseits ist unsere städtische Umwelt bis ins Letzte durchorganisiert und die Spielplätze bestehen aus gestylten Sandplätzen, vorgefertigten Häuschen, Klettergerüsten aus Plastik und anderen geistlosen Spielgeräten. Aus lauter «Sicherheitsdenken» fehlen Voraussetzungen für natürliche Körpererfahrung. Dazu gehören Beulen und Schürfungen.

Und es fehlen die Anreize für gemeinsames Spiel, für gemeinsames Unternehmen, für Phantasie und Erfindung, für unorganisiertes Abenteuer.

Erste sinnliche Wahrnehmung – das kühle Nass

Aus Bauabfall gebaute Hütten

Gemeinsame Unternehmen

THE BEGINNING OF ART

Am Quartierfest

81

Die Hilfe

Ursprüngliches Zeichen

GROSSBIOTOP STADT- UND SIEDLUNGSLANDSCHAFT

In der Klärung der Schutzwürdigkeit von natürlichen Gebieten gegenüber dem Siedlungsraum durch die Planungsbehörden verblieb dieser als weisse Fläche. Nach unserer Auffassung ist dieser gesamte Raum des genutzten Waldes, der Landwirtschaft, der Dörfer und der Stadt ein Grossbiotop eigener Natur. Raum-, Orts- und Stadtplanung werden dominiert von Erschliessungskonzepten und Verkehrsplanung. Für die Erfüllung der menschlichen Bedürfnisse im Wohnen, Arbeiten und in der Freizeitbeschäftigung sind die Zwischenflächen der Verkehrsadern vorgesehen. Ihre Qualität zu bemessen war kein Thema.

Zum selben Thema unserer Zeit gehört der Trend, die Lebensqualität einer Stadt oder eines ganzen Landes zu bestimmen. Steuer- und Einkommensdaten, Kriminalitätsstatistiken und Scheidungsraten geben ein verfälschtes Bild. Die ganzzeitliche Biologie ist nicht messbar. Die tote Materie ist Gegenstand von Chemie und Physik. Das Leben und seine Qualitäten sind unmessbar und doch muss es einen Weg geben, sie zu erfassen.

Dieser Weg ist die «Infrablu»-Bewertungstechnik für komplexe lebendige Systeme. Als vor Jahren ein grosses Waldsterben einsetzte, zeigten Infrarot-Luftbilder die Schäden: ein Patchwork von tiefroten bis weissen Feldern. Tiefrot für gesundes Blattwerk, weiss für totes. Die kartographische Auswertung erlaubte den Förstern, vor Ort die Schäden zu bestimmen und meist die Ursachen aufzuspüren.

Ein komplexer Seismograph ist das menschliche Empfinden und dadurch gesteuert die Wahrnehmung. Komplexe lebendige Systeme sind als Ganzes zwar nicht messbar, doch durch unser Empfinden infolge gezielter Fragestellung und unserer Reaktion auf die Situation als «sehr schlecht, normal bis sehr gut» doch fassbar. Gibt man dieser emotionalen Bewertung Prozentzahlen, sind wir plötzlich einer verhältnismässig hohen objektiven Zahl und damit der Qualitätsbestimmung nahe.

Diese Bewertung hat sich unter einer Gruppe betroffener Fachleute in praktischer Einstimmigkeit bewährt. Je vielfältiger die differenzierte Fragestellung, desto irrelevanter wird die statistische Fehlerquelle. Diese Qualifizierung umfasst das Naturschutzgebiet, die Landwirtschaft, die städtische Strassen und Plätze sowie Einkaufsstrassen, öffentliche Gebäude, Wohn- und Industriebauten.

INFRABLU BEWERTUNGSTECHNIK FÜR KOMPLEXE LEBENDIGE SYSTEME

Vom Comune di Pisa wurden wir für einen Teil des Gemeindegebietes von der Ostgrenze bis zum Meer mit der Teilrevision des Piano del Verde beauftragt. Neuland für die Behörden. Wir setzten 1998 eine Umweltanalyse des Gebietes für eine Planung voraus. Eine Gruppe von Agronomen, Architekte und Historiker beurteilten vor Ort die Grundstücke.

Benachbarte Parzellen gleichen Typus wurden als Biotop, als Insula, zusammengefasst und in der nummerierten Scheda die Qualifikation festgehalten: «normal», beschriebenes Defizit oder Schutzobjekt mit zu treffenden Massnahmen.

Die einzelne Beurteilung wird je nach Biotop relativiert — für ein Sportfeld ist «Atmosphäre» irrelevant für dessen Gesamtqualifikation, für eine Strasse fehlt die «Rendite».

Auf dem Übersichtsplan sind die Biotope respektive die Insula farblich markiert und die Verbesserungen oder der Schutz mit Buchstaben hervorgehoben, so dass die Behörde im Falle eines Baugesuchs auf einen ersten Blick informiert ist. Nach Jahren können Veränderungen nachgetragen werden.

Interessant war, dass während dieser neunmonatigen Phase der Analyse offene Probleme wie die Zentrumsplanung Neu-Pisas bis in die Details oder die Führung einer Tramlinie ins Aussenquartier projektiert werden mussten.

Die Scheda mit Beurteilung Architektur

84

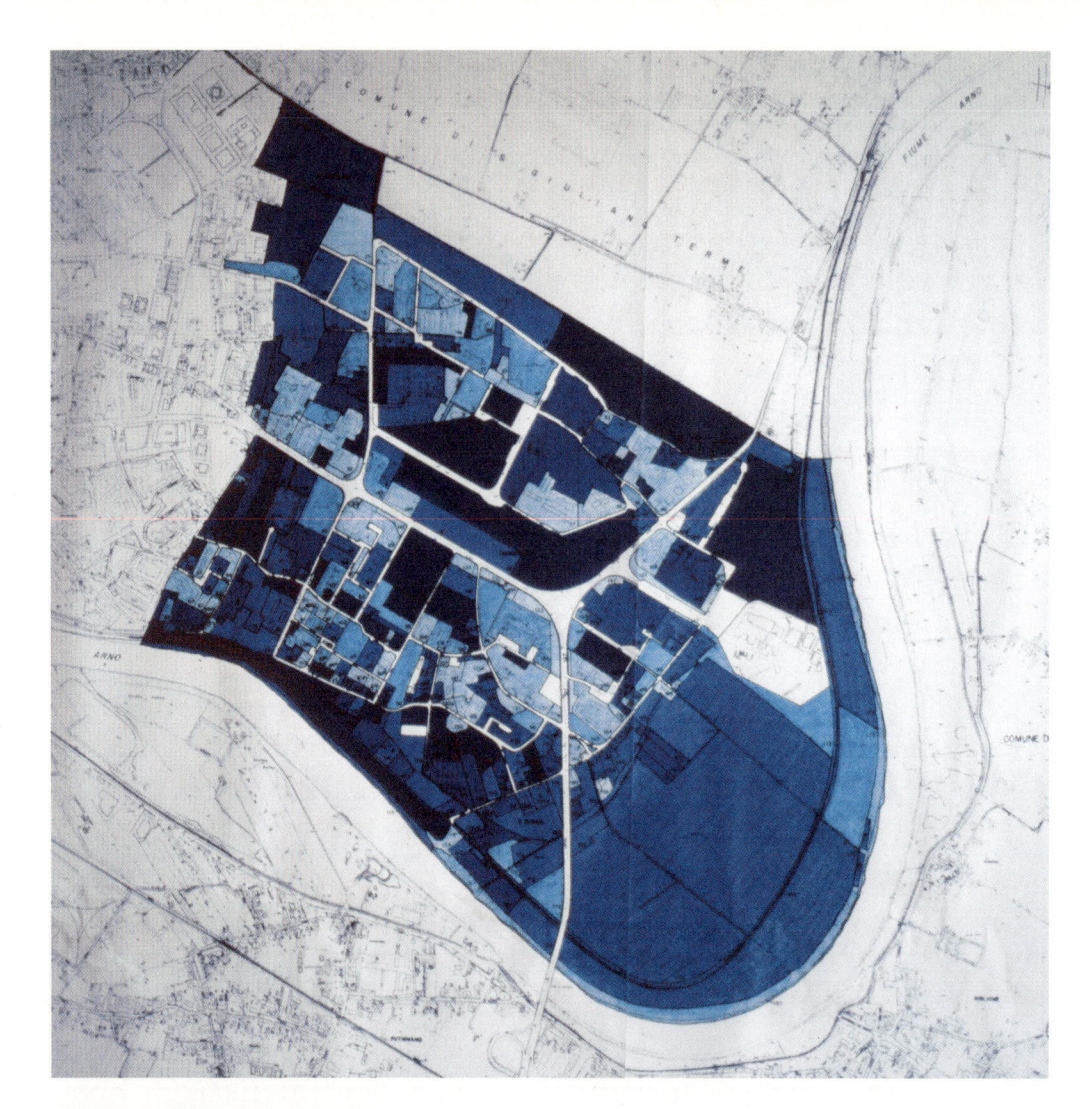

Die Beurteilung nach biologischen Qualitäten

Menschliche Qualitäten

85

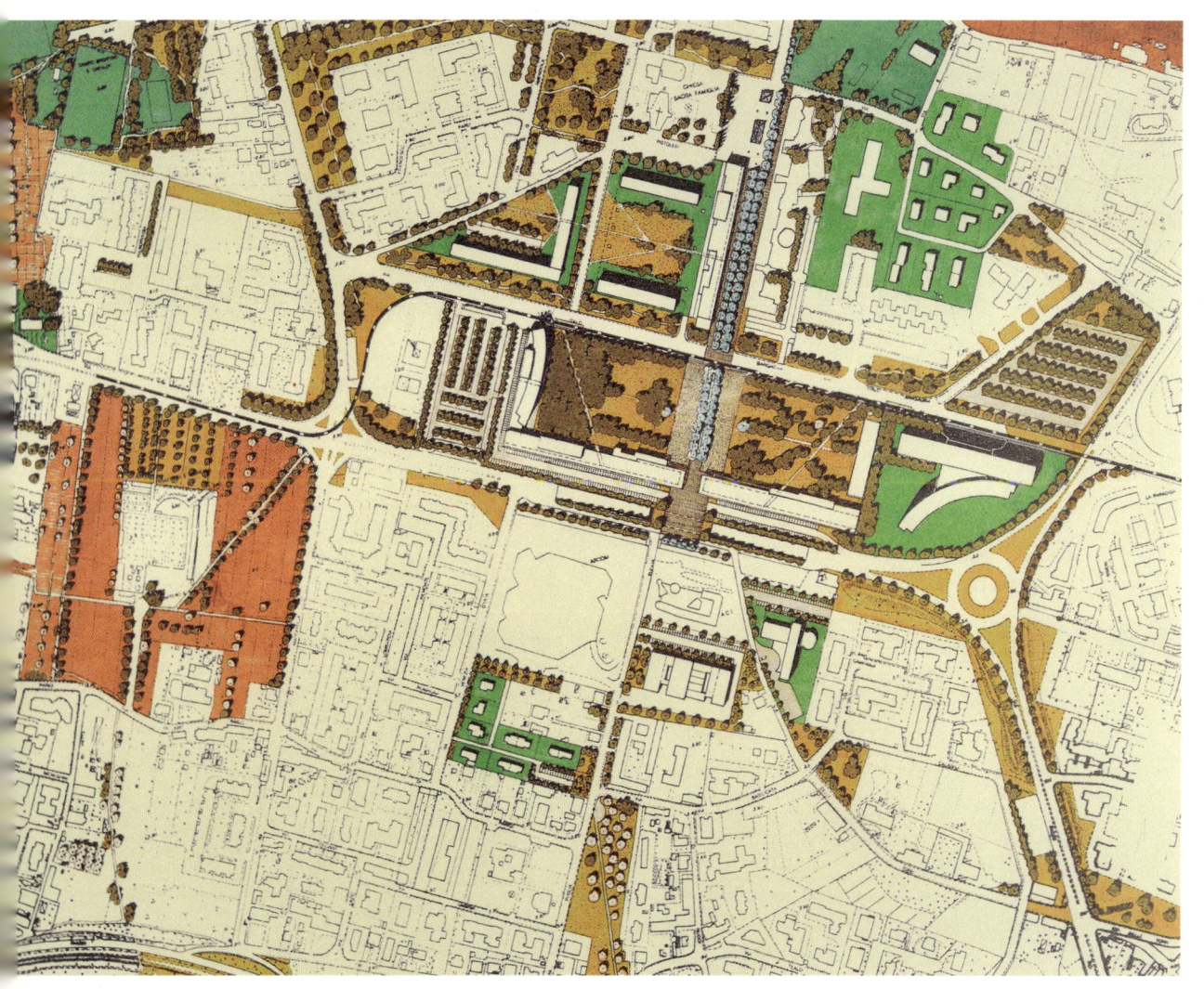

Der Biotop-Kataster

Die Zentrumsplanung

FALLBEISPIEL STADTVERDICHTUNG

In der stadtplanerischen Verdichtung wird als Beispiel das Biotop «Wohn-Hochhaus» grob skizziert.

Die völlig neue Dimension der Wohndichte und Ausnützung zwingt zu einer neuen Gesetzgebung in Bezug auf den Umgang mit dem Boden. Dieser gehört der Öffentlichkeit und kann allenfalls im Baurecht unter den nötigen Bedingungen Privaten zur Bewirtschaftung überlassen werden. Lage und Standort der Wohnungen bestimmen, welche besonderen Nutzungen vorzusehen sind.

Für den oben erwähnten Standard als Wohnzone W2 sind Einrichtungen für die Bewohner vorzusehen wie Wäscherei, Kindertagesstätten, Gästeunterkünfte, Treffbereiche etc.

Die Wohnzone WG bedarf der strassenbezogenen drei ersten Geschosse: das Erdgeschoss für Arbeit und Kleingewerbe, Läden, Restaurants und Cafés, das erste Obergeschoss ergänzt das Erdgeschoss durch Dienstleistung und stilles Gewerbe. Das dritte Geschoss ermöglicht geschäftsbezogenes Wohnen.

Es ist die gesellschaftliche Interpretation von Arbeit, Dienstleistung und Begegnung mit Wohnen, biologisch der erste territoriale Ring um die Nische des Wohnens.

Diese drei Geschosse werden in der Miete nur durch die Anlage und Betriebskosten belastet und nicht durch den Bodenpreis als Rendite.

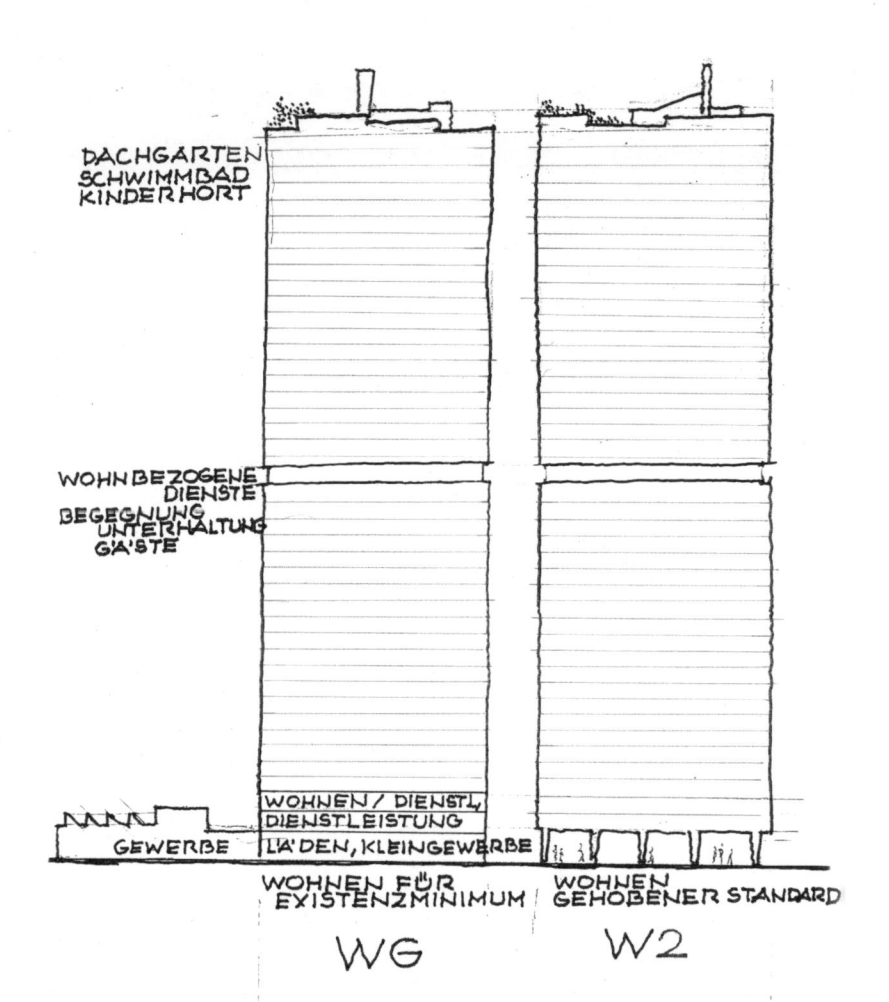

ZONEN

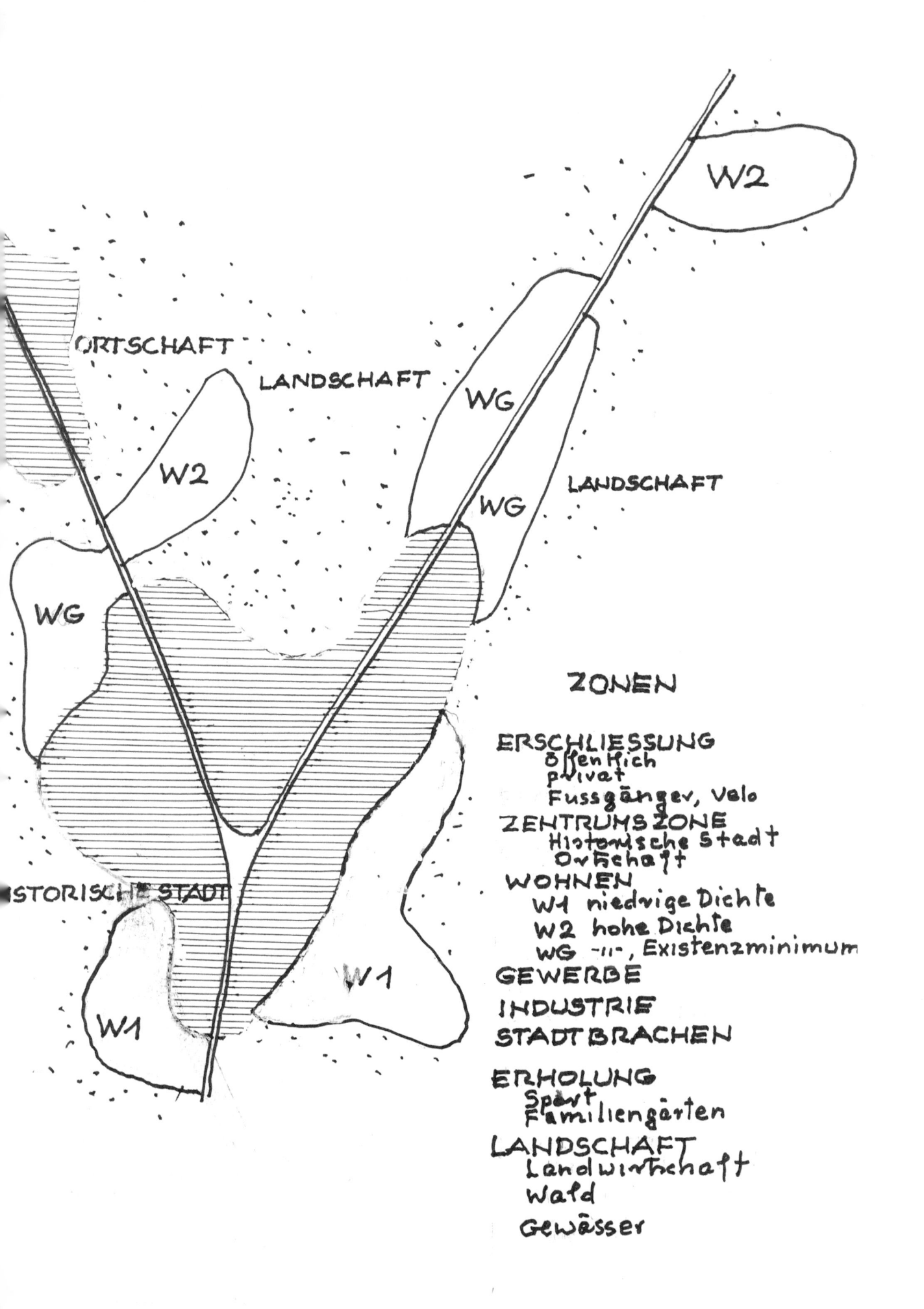

ERSCHLIESSUNG
   öffentlich
   privat
   Fussgänger, Velo

ZENTRUMSZONE
   Historische Stadt
   Ortschaft

WOHNEN
   W1 niedrige Dichte
   W2 hohe Dichte
   WG -"-, Existenzminimum

GEWERBE

INDUSTRIE

STADTBRACHEN

ERHOLUNG
   Sport
   Familiengärten

LANDSCHAFT
   Landwirtschaft
   Wald
   Gewässer

DIE BIOLOGISCHE BEDEUTUNG DER DENKMALPFLEGE

Denkmalpflege hat wenig mehr mit Denkmal zu tun. War ihr Aufgabenbereich einst auf geschichtlich bedeutende Bauwerke und Monumente gerichtet, weitete sich die Sicht ganz allgemein auf historische Bauten bis zum Ende des 20. Jahrhunderts und heute schliesslich auf das Inventar kulturell wichtiger Bauten bis in unsere Zeit.

Das Inventar, die Benennung der kulturell wichtigen Qualitäten eines Bauwerkes ist der erste bedeutende Schritt. Der zweite ist der Umgang damit in einer Zeit des zunehmenden Wandels, der technischen Aufrüstung und Umnutzung.

Auch die Handhabung zerstörter Bauteile ist ein Thema unter gewandelter Sicht. Ihre integrale Erhaltung als Zeitzeugnis selbst der Gebrauchsspuren und der Zerstörung ist im Sinne und Formsprache der klassischen Moderne.

Mit dem Ortsbildschutz ist eine weitere Dimension geschaffen: Nicht nur das charakteristische Einzelobjekt, sondern das Ensemble prägen den Ort, die gewöhnliche anonyme Architektur wird als Qualität respektiert.

Nun noch zwei weitere Gesichtspunkte. Entgegen dem im Volksmund gebräuchlichen Satz «Restaurieren kostet das Doppelte, wenn nicht das Mehrfache, wie Abriss und Neubau» haben wir bewiesen, dass Reparatur und Verstärkung preisgünstiger sind. Damit ermöglichen wir, dass eine Bevölkerung, die auf die standardisierten Auswüchse des heutigen Komfortanspruchs zu verzichten bereit ist, ihre bescheidenen energetisch und sanitär nachgerüsteten Wohnbauten behalten kann und Milliardenwerte nicht durch Abbruch vernichtet werden.

Und schliesslich wird ein hochwertiges kleinindustrielles Handwerk gefördert, nicht nur als Grundlage für innovative Schulung, sondern als Träger einer stabilen sozialen Mittelschicht.

Umnutzung verlangt grösste Erfahrung und Spitzenleistung in Wärmedämmung, Heizung, elektrischen und sanitären Installationen.

Damit sind für die Integration der sanitären Räume und Küche die Rahmenbedingungen gegeben. Die Imagination des Architekten schafft daraus das Konzept von Erschliessung, Nutzung und Raumqualität.

Um heutige Forderungen an Lebens- und Raumqualität zu erfüllen, entwickelten wir den Oberlichtschlitz unter dem First und im Gefälle, den Balkonschlitz ab Traufe und die raumhohe Dachgaube.

89

Das aus Lehm gefügte Bauernhaus

Die Zweischichtigkeit von Riegelwerk und raumhoher Verglasung

Der Keller von Bauschutt verdreckt, die Front stark zerstört

Die Bauruine der beiden Wohnhäuser mit Tenn in der Mitte nach der Sicherung der Substanz und dem Ausbau

Oberlichtschlitz zur Auslichtung des Oberbodens eines Anbaus

Zeichnung einer raumhohen Fensterfront hinter der Schalung mit einzelnen ausgebrochenen Brettern

Der Dacheinschnitt – Balkon

Die Besonnung der Fassaden

Alte Konstruktionen gefestigt und repariert — eine Augenweide

Die neue Ästhetik im Zeitzeugnis

Das Steingewände vor 1400, mit Anbauten, bloss gereinigt

BEOBACHTUNGEN UND ERFAHRUNG

Lebenslanger Umgang mit Menschen und Natur zwingt zur Bewußtmachung der lebensbedingenden Zusammenhänge in den drei folgenden schlagwortartig kurzgefassten Gesetzen

SAFETY FIRST

DAS ERSTE NATURGESETZ REGELT DIE EXISTENZIELLE SICHERHEIT EINES JEDEN LEBEWESENS IN SEINER NISCHE UND TERRITORIUM DURCH ANPASSUNG UND SOZIALES VERHALTEN.

DAS ZWEITE NATURGESETZ OPTIMIERT DIE LEBENSPROZESSE — STOFFWECHSEL, WACHSTUM, VERMEHRUNG, SINNE, STEUERUNGEN, DAS GEISTIGE — AUF HÖCHSTE LEISTUNG BEI GERINGSTEM AUFWAND.

DAS DRITTE PARADOXE GESETZ IST DIE GLEICHZEITIGKEIT VON EREIGNIS, WAHRNEHMUNG, ERFAHRUNG, ERINNERUNG, PRÄGUNG, TRADITION

Hinter jedem dieser Worte steht eine Enzyklopädie. Als Beispiel ist "Sicherheit" nicht nur "Unglücksfälle und Verbrechen", sie greift vielmehr von Versorgung des täglichen Bedarfs, Bildung, Gedankenfreiheit bis Altersvorsorge.
Oder "Erinnerung" – nicht nur Ferienbilder, Gesichter, Telephonnummern, sondern genetisch bis zur Veränderung in den Zellen: Artenvielfalt.

IN DER ENTWICKLUNG DER GIGANTISCHEN METROPOLEN DER MILLIONENSTÄDTE HAT DER ARCHITEKT NEBEN DEN TECHNIKERN DIE PFLICHT ZUR HUMANISIERUNG, UM IN DIESEN RÄUMEN EIN MÖGLICHSTES AN INDIVIDUELLER ENTFALTUNGSMÖGLICHKEIT UND LEBENSQUALITÄT DER ÜBERBEVÖLKERUNG ZU ERMÖGLICHEN.

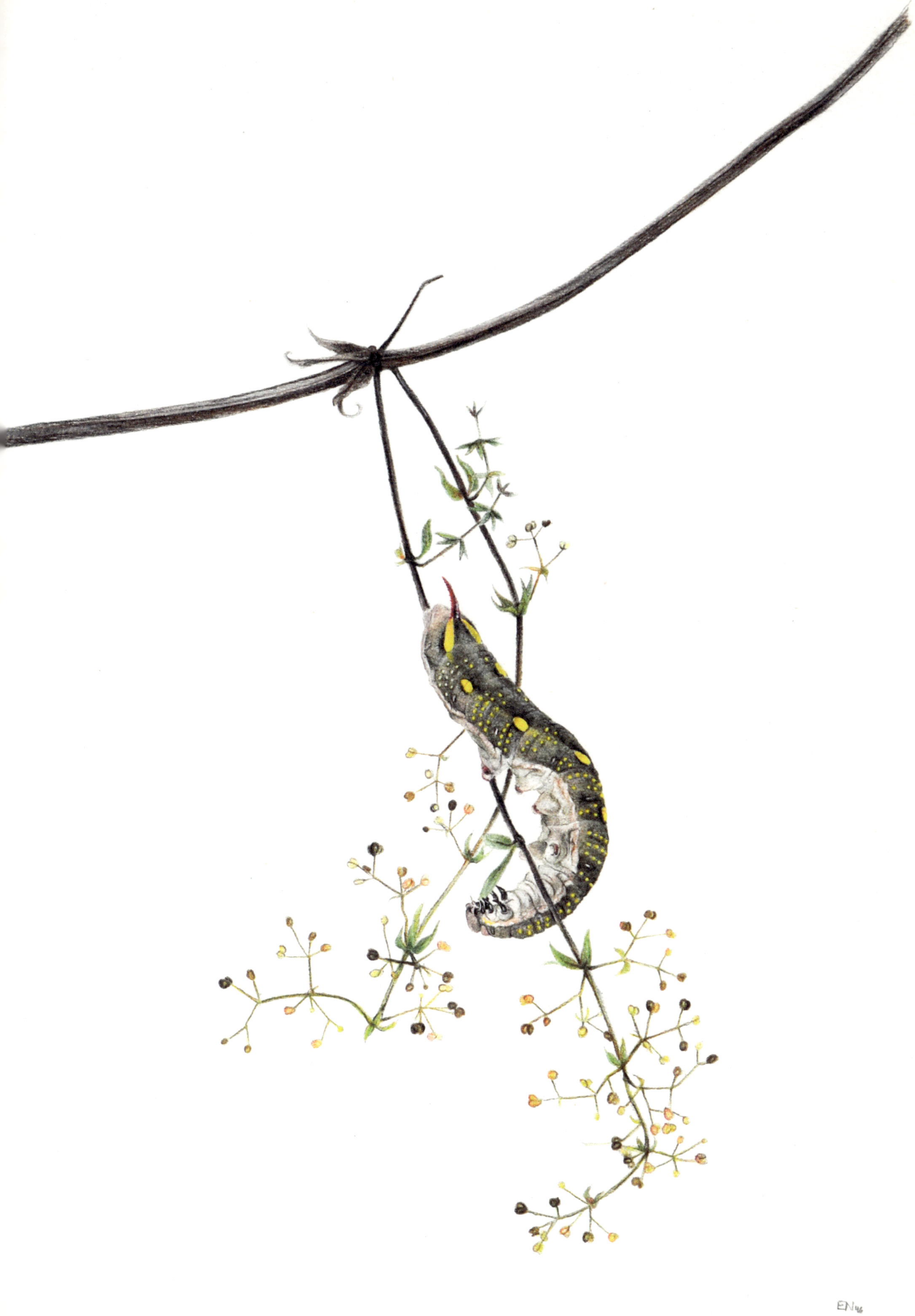

Auszeichnungen

«Gute Bauten» der Stadt Zürich
Zürcher Heimatschutz
Hauseigentümerverband
Award Europa Nostra
Stiftung Bruno H. Schubert (mit Nelson Mandela, Südafrika)

Diverse Objekte stehen unter Denkmalschutz.

Gründungen

Stiftung Milan (Förderung und Betrieb der Greifvogelwarte Milan in Steg) 1992
Stiftung Baukultur 1991
Stiftung KRONE RHEINECK zur Förderung und Erhaltung wertvoller historischer Bauten in Rheineck 2000

Eigene Publikationen (Auswahl)

«Finnische Bauten / Bâtiments finnois / Finnish Buildings. Atelier Alvar Aalto 1950–1951», Erlenbach-Zürich 1954 (zusammen mit Claudia Neuenschwander).
«Niemandsland. Umwelt zwischen Zerstörung und Gestalt», Basel / Berlin / Boston 1988.
«Schwimmteiche», Stuttgart 1993 (Fachbuch).
«Abbruchobjekt Rindermarkt 7 in Zürich – seine Rettung», hg. von Stiftung Baukultur, Zürich 1995.
«Das Geheimnis des alten Winzerhauses», hg. von Stiftung Baukultur, Gockhausen 2011 (= Eine neue Dimension zur Denkmalpflege).
«Modernes Wohnen im alten Haus», hg. von Stiftung Baukultur, Gockhausen 2012 (= Eine neue Dimension zur Denkmalpflege).

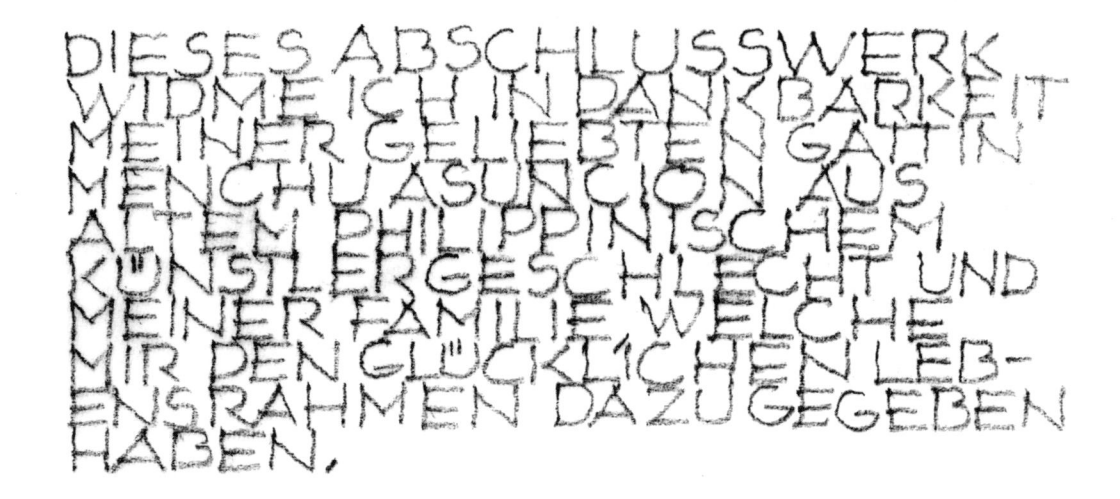

> DIESES ABSCHLUSSWERK
> WIDME ICH IN DANKBARKEIT
> MEINER GELIEBTEN GATTIN
> MENCHU ASUNCION AUS
> ALTEM PHILIPPINISCHEN
> KÜNSTLERGESCHLECHT UND
> MEINER FAMILIE WELCHE
> MIR DEN GLÜCKLICHEN LEB-
> ENSRAHMEN DAZUGEGEBEN
> HABEN.

Dank

Mein erster Dank gilt meinen Auftraggebern, den Bauherren, welche die Projekte von der ersten Stunde der Absichtserklärung mit unscharfen Visionen an aufgeschlossen mitgetragen haben. Das Verdienst trifft meine Mitarbeiter. Sie haben sich mit meiner Einstellung und Formgebung einzigartig identifiziert und mir damit meine Schaffensfreiheit erst ermöglicht. Allzu leicht vergisst man die Unternehmer, ihre Mitarbeiter und Arbeiter auf dem Bau. Ich hatte Glück, ausnahmslos mit den besten Leuten vom Vorarbeiter bis zum Handlanger und Lehrling zu arbeiten. Heute begegne ich meinen ein halbes Jahrhundert alten Bauten mit wenigen Gebrauchsspuren.

Nur wenige Namen sollen erwähnt werden. Mehr als zwei Jahre lang prüften Claudia Moll und Axel Simon die Pläne, Zeichnungsmappen und Bauordner in unserem Archiv und erstellten das Werkverzeichnis. Ein Ausschnitt davon gibt die Monographie «Eduard Neuenschwander. Architekt und Umweltgestalter» wieder, erschienen 2009 im gta Verlag. Unsere Gespräche rechtfertigen die Absicht, mit dieser Publikation die Innovationen und die Entwicklungsarbeit bewusst zu beschreiben, statt nur durch schönes Bildmaterial zu beeindrucken.

Und schliesslich ist es das grosse Verdienst von Veronika Darius, Leiterin des gta Verlags, für die Zielsetzung, ein solches Buch zu realisieren.

IMPRESSUM

Eidgenössische Technische Hochschule Zürich
^{DARCH} ***gta***
Departement Architektur
Institut für Geschichte und Theorie der Architektur

Projektkoordination: Claudia Moll

Lektorat: Sandra Rumiz

Gestaltung: Pascal Alexander und Christian Neuenschwander nach den Vorgaben des Autors

Gesamtherstellung: rva Druck und Medien AG

Bildnachweis: Daniel Gerber, Heinrich Helfenstein, Thomas Kohler, Federico Naef, Christian Neuenschwander.
Alle übrigen Abbildungen stammen vom Autor.

© 2013 gta Verlag, ETH Zürich, 8093 Zürich
www.verlag.gta.arch.ethz.ch

© Texte und Abbildungen, soweit nicht anders angegeben, beim Autor

Autor und Verlag haben sich bemüht, alle Inhaber von Urheberrechten ausfindig zu machen. Sollten dabei Fehler oder Auslassungen unterlaufen sein, werden diese bei entsprechender Benachrichtigung in der folgenden Auflage korrigiert.

Neuenschwander, Eduard
Architektur als Umwelt. Ein Plädoyer
ISBN 978-3-85676-320-6

Bibliografische Information der Deutschen Nationalbibliothek
Die Deutsche Nationalbibliothek verzeichnet diese Publikation in der Deutschen Nationalbibliografie; detaillierte bibliografische Daten sind im Internet über http://dnb.dnb.de abrufbar.